星球研究所 著

少年中国地理

壮美生灵

湖南科学技术出版社　博集天卷 CS-BOOKY

壮美生灵

穿越 6500 万年看中国

CHINA

特别鸣谢

为本书提供影像作品的
全体机构和摄影师们！

鲜活的中国地理

"到各地去看看"，相信这是所有孩子共同的向往，我小时候也这样想。我中学毕业是在20世纪50年代初，有的同学考大学报地理专业，就是想到各地去看看，现在管这叫"旅游"。

旅游的讲究可大了，各人旅游的收益可以大不相同。苏东坡写过"庐山烟雨浙江潮"的诗，没有去过的时候难受得"恨不消"，真去了发现也就那么回事。外行看热闹，内行看门道，关键在于有没有看到"门道"。有的人旅游就是拍纪念照、买纪念品，但是也有人一路看一路问，回来有说不完的感想。旅游不仅是休闲，假如出去前做准备，回来后做整理，那旅游就成了一种学习。

这就很像古代的"游学"，读万卷书，行万里路，开阔视野，体验人生。其实世界上最初的教育就是"游学"，课堂教育是后来的事。孔子授课就不用教室，许多大学者也都有游学的经历。司马迁20岁左右就开始游各地的名山大川，正因为有了一生三次远游的经历，他的《史记》才会写得如此成功。

古代游学之风相当盛行，"仰观宇宙之大，俯察品类之盛"，属于治学的重要环节。如今随着技术的发展，"游学"的方式早已今非昔比。有了摄影技术、网络技术，已经可以通过图书"居家游学"，或者通过云课堂"在线游学"，效率大为提高。放在你面前的这套《少年中国地理》，就是陪你"居家游学"的图书。

《少年中国地理》是美丽和智慧交织的产物，精美的图片配上启迪性的知识，每一幅美丽山水的背后，都蕴含着一番科学的道理。这种"游学"补充了课堂教育的不足，可以将地质地理、水文气象、动物植物，甚至于历史考古的知识融为一体，渗透在锦绣山河的美景里，让你在听故事、问道理的过程中，不知不觉地增长见识。

从历史视角看地理，是这套书的一大特点。地理现象通常是从三维空间进行描述，然而《少年中国地理》别具慧眼，从地质构造演变、人类社会发展和当前国家建设三个时间尺度入手，探讨地理现象的来源，用动态演变取代静态描述，在四维时空里展现活的中国地理。

而这恰恰发挥了中国地理的长处。因为东亚大陆是拼起来的，两亿多年前华南板块和华北板块碰撞，四五千万年前印度洋板块和亚欧板块的碰撞，逐步演化形成了如今的三级阶梯地形。"一江春水向东流"的局面，是两三千万年前才出现的。因此，中国地貌本身就是一部移山倒海的活教材。

《少年中国地理》对各地人文历史的介绍，有助于孩子们理解中华民族壮大的过程。我们过于强调华夏文明的一元性，往往忽视了其逐步融合成长的历程。我们自称"炎黄子孙"，其实炎帝和黄帝就不见得是一家。应该歌颂的是我们祖先的凝聚力，将中原和边陲的部族逐步融合为一，才形成了世界上最大的民族。

"谁不说咱家乡好"，乡土地理向来是爱国爱家最有效的教育，而国内几十年来的突飞猛进，更是中国地理历史性的亮点。但是这种家国情怀是需要激发的。反差就是一种激发方式，宇航员回到地球时，会为享有地心吸引力而感到幸福；侨居海外的华人，更加能体会到强大祖国的可贵。另一种激发方式就是集中展现，像《少年中国地理》这样，把中华大地几十年巨变的真相，凝聚成图文放在我们面前。

有时候我们过分相信口头语言或者文字的力量，以为课堂上讲过的东西孩子们就该相信。其实依靠"灌输"的杠杆，虽然可以训练学生的适应力，却不见得真能打动他们的心，因为深入内心的教育只有通过启发这一条途径。高质量的图书和视频，是新技术支持下进行新型教育的好形式。学生自己看、自己听，从真人真事里得出结论，比考试压力下的教育有效得多。这也正是我们欢呼《少年中国地理》出版的原因。

教育的最高原则在于一个"真"字，应试教育的负面效应之一，就是容易误导学生去说套话、说假话，其实那是教育事业的"癌症"。近代教育家陶行知先生说过，千教万教教人求真，千学万学学做真人。衷心祝贺《少年中国地理》的出版，希望这套图书有助于推行"真"的教育，教同学们说真话，求真理，做真人。

中国科学院院士

汪品先

2022 年 6 月 30 日

以中国山河，致中国少年

地理对青少年的意义，不言而喻！它是青少年探索世界、认知世界的重要途径之一。

星球研究所创立至今已有 6 年。6 年间，我们一直致力于用极致的科普作品，和读者一起探索极致世界，解构世间万物。从 2019 年起，我们陆续出版了典藏级国民地理书"这里是中国"系列，受到了很多读者的喜爱，也获得了非常多的奖项，这让我们倍感荣幸。

在这个过程中，我们收到了许多父母、孩子的留言，他们表达了对地理的热爱，以及期望星球研究所能出版专门针对青少年的科普书籍的愿望。一位家长还分享了他用家庭投影仪给孩子投放星球研究所文章与视频的经历。

这让我们印象十分深刻，也很感动。我们逐渐认识到出版一套专门针对青少年的中国地理科普全书，是必要的。

因为中国地理的丰富，确实值得每一个中国少年去了解！

你知道中国是"万岛之国"吗？

中国不只有海南岛、台湾岛这些知名的大岛，我国总计拥有海岛超过 11000 个 [1]，还有许多有待我们了解。

你知道中国西部有一个"冰冻星球"吗？

那里生长着 5.3 万条冰川 [2]，冰储量可以装满 100 多个三峡水库 [3]。中国是全球中低纬度冰川规模最大的国家。

你知道中国曾发生过超级火山喷发吗？

大约 1000 年前，位于东北的火山——长白山发生了一次超级喷发。火山灰还漂洋过海，如雪花般散落在日本。也正是在这次喷发的基础上，才诞生了如今中国最深的湖泊——长白山天池。

---

1 数据源自自然资源部2018年发布的《2017年海岛统计调查公报》，不含港澳台数据。
2 数据源自冉伟杰等人的《2017—2018年中国西部冰川编目数据集》一文。
3 数据源自刘时银等人的《基于第二次冰川编目的中国冰川现状》一文，中国冰川储量为4300～4700立方千米。而三峡水库的总库容量为39.3立方千米。

你知道中国拥有"地球之巅"吗？

青藏高原平均海拔超过 4000 米，地壳厚度可达 80 千米[1]，是世界上最高、最厚、最年轻的高原。世界上海拔最高的山峰——珠穆朗玛峰，世界上海拔最高的山脉——喜马拉雅山脉，都位于这里。

你知道中国不只有一个"桂林山水"吗？

中国南方无数的石林、峰林、峰丛、溶洞、天坑，构成世界上规模最大、最壮观的喀斯特地貌分布区，涉及湖北、湖南、四川、重庆、贵州、云南、广西、广东等多个省（市、自治区），不仅许多地方有着类似桂林山水的美景，而且还有许多独特的喀斯特景观是桂林山水所没有的。

你知道中国真的是一个"红色国度"吗？

1000 余处以红色陡崖为主要特征的丹霞地貌，遍布中国 28 个省级行政区，江西龙虎山，安徽齐云山，福建大金湖、冠豸（zhài）山，浙江江郎山，湖南崀（làng）山，四川青城山、乐山大佛，甘肃崆峒山、麦积山皆是如此，可谓万山红遍[2]。

你知道中国的黄土高原有多独特吗？

中国黄土高原地区[3] 总面积多达 64 万平方千米，是世界上最大、最厚、最连续的黄土覆盖区。这些土质疏松、利于垦殖的黄土，正是孕育华夏文明的摇篮。

你知道中国是个"季风国度"吗？

我们拥有全球典型的季风气候。每年夏天，夏季风裹挟着水汽由南向北推进。由此在中国大地上，雨带随之进退，江河也随之涨落。而每年冬天，冬季风不断南下，往往带来寒潮。

你知道中国是"哺乳动物的王国"吗？

中国是世界上哺乳动物物种最多的国家之一，有 687 种[4] 哺乳动物在这片土地和水域生存。

---

1 数据源自侯增谦等人的《青藏高原巨厚地壳：生长、加厚与演化》一文。
2 此处参考黄进等人的《中国丹霞地貌分布（上）》一文。
3 黄土高原的范围存在广义与狭义之分，广义的"黄土高原地区"大致在祁连山、贺兰山以东、阴山以南、秦岭以北，太行山、管涔山以西的广大地区。此处采用广义的概念。
4 数据源自中国科学院生物多样性委员会发布的《中国生物物种名录》2022版一书。

你知道中国自古以来就是"超级工程的国度"吗？

诸多大江大河、人口及资源的分布不均等诸多原因，使得中国大地上，从古至今，一直以大量超级工程著称。古有都江堰、隋唐大运河、京杭大运河，如今则有长江三峡水利枢纽、南水北调工程、西气东输工程，以及全球最大的林业生态工程——三北防护林等。

…………

这真是一片神奇的土地！

中国少年，值得这样的中国山河！中国山河，也值得有更多热爱它、了解它的中国少年！而我们的任务，就是把中国山河用最好的方式呈现给中国少年！

于是，就有了这套《少年中国地理》。我们希望通过这套书，把中国的山河，摆到每一位中国少年的书架上。

但另一方面，中国山河的丰富，远远超出任何一套书的厚度，哪怕这套书有1300多页。

所以，我们更希望通过这套书，能激发每一位中国少年，由此亲身走进广阔的中国山河，做一个勇敢的中国地理探索者，这将是全中国最酷的事情之一！

请和我们一起继续那个梦想：

有一天，我们要将中国的雪山看遍。

有一天，我们要将中国的江河看遍。

有一天，我们要将中国的城市看遍。

…………

这里的我们，也包括少年的你。

星球研究所所长

耿华军

耿华军

2022 年 7 月 18 日

目录

1

这个中国有点"野"

哺乳动物的崛起

2

可可西里

让荒野永远荒野

3
高黎贡山

既繁荣，又脆弱

4
大熊猫

"我辈岂是卖萌者"

1

这个中国有点『野』

哺乳动物的崛起

这是我们的家园
也是它们的家园
我们居住在城市
而它们占领荒野

从大兴安岭的雪原林海
到西南山地的茂密雨林
从东南沿海的碧波万顷
到青藏高原的寂静山川

它们千变万化、各显神通
共同演绎着
中国的野性之美

▶ 雪豹幼崽／摄影 次丁｜野性中国

在距今 2 亿~ 6600 万年前的侏罗纪和白垩纪，无数体形硕大的爬行动物统治着地球。然而在距今约 6600 万年前，地球被一颗小行星撞击，这些霸主被地球上接连爆发的火山和不断改变的环境赶下了"宝座"。

大部分恐龙以及其他大型爬行动物灭绝后，从天空到大地，从荒漠到海洋，从高山到峡谷，从密林到草原，地球上出现了许多"无主之地"。这众多的"无主之地"中，中国现在所处的地理位置，在当时就已经是栖息地类型极为丰富的地区。

恐龙之后，谁将登上"王座"，占领这片广袤的土地呢？答案是哺乳动物。

对长期被恐龙压制的哺乳动物而言，这是一个充满机遇的时代。它们需要抓紧时间开展行动，从四个方向全面"占领"中国。而在不同的环境中，哺乳动物们也需要各显神通，以适应不同的地形、气候以及食物来源等。

它们是如何做到的呢？

▲ 藏狐和兔狲的大战一触即发／摄影 鲍永清

恐龙是如何灭绝的？

距今约 2.4 亿年～6600 万年前的这段时期，地球处于爬行动物的时代，我们所熟知的恐龙，就是当时种类最多、分布最广的一类爬行动物，各种各样的恐龙几乎占领了陆地上的每个角落，可谓是那个时代的"地球霸主"。然而就在距今约 6600 万年前，称霸地球 1 亿多年的恐龙等爬行动物突然大量灭绝，从此几乎销声匿迹，只留下极少后代。至今，它们灭绝的原因仍然是一个未解之谜，相关的假说多达百余种。

小行星撞击说

这个学说想必大家已经耳熟能详了，该学说认为，在 6600 万年前，一颗小行星撞击了今天的墨西哥沿岸地区。小行星撞击的威力巨大，导致了爆炸、火山喷发、地震、海啸等灾难，进而造成气候变化、生态破坏等连锁反应，最终，大量森林被毁、食物链被破坏，包括恐龙在内的大部分生存在地球上的生物就此灭绝。关于小行星撞击说的争议有很多，但近年来大多数科学家基本同意：小行星撞击是恐龙灭绝的主要原因，但不是唯一的原因。

火山喷发说

这个学说认为，在恐龙生活的白垩纪末期，地球上的火山大量喷发。如当今印度中部和南部的德干高原，就是当时该地区发生大规模火山喷发形成的。火山喷发喷出了大量二氧化碳，产生了强烈的温室效应。火山喷发出的粉尘遮天蔽日，影响了植物的光合作用。这些最终导致了恐龙等生物的灭绝。

雌雄比例失调说

一些爬行动物出生时的性别和其孵化时的温度有关。典型的例子就是鳄鱼，温度较高时，孵出来的鳄鱼是雄性，而温度较低时，孵出来的则是雌性。科学家认为，恐龙可能和鳄鱼相似，温度变化影响着恐龙宝宝的性别。在恐龙时代末期，全球气温骤变，使得孵出来的恐龙全都是同性别，无法继续繁衍后代，最终导致恐龙灭绝。

被子植物中毒说

在恐龙时代末期，被子植物大量取代了原本存活在地球上的裸子植物，而这些被子植物里存在着对恐龙等爬行动物有毒的物质。体形巨大的恐龙自然有着相当大的食量，它们吃下大量的被子植物，毒素越积越多，最终中毒而死。

除了以上四个学说之外，还有严寒说、物种斗争说、板块运动加剧说、地球气候强烈变化说、地球磁场倒转说、恐龙自身免疫系统缺陷说，甚至还有恐龙因为自己放的屁引起环境变化导致最终灭绝的说法，等等。这些说法也许都有一定的道理，在多种因素共同作用下，最终导致了恐龙的灭绝。

包括恐龙在内的大量爬行动物灭绝了，而体形较小的哺乳动物却躲过了灭绝的打击。当地球恢复平静以后，哺乳动物终于有机会走出洞穴，在这片广阔之地一展拳脚，自由发展。

什么是哺乳动物？

老鼠、狗、老虎、大象、海豚等动物看上去千差万别，生活环境也各不相同，但它们都属于同一类别——哺乳动物，而人类也是其中之一。哺乳动物是因为通过乳腺分泌乳汁来哺乳幼体而得名的，它们通常都拥有温血和皮毛。

即使外形看起来不一样的哺乳动物，也都有着几个相同的特点。不管外界温度变高还是变低，它们的身体仍然可以保持着相对稳定的体温，以适应不同的环境温度；它们的大

哺

食肉目

有蹄类

灵长目

狼、老虎、狮子等，都是食肉目的猛兽。食肉目主要是指以肉食为主的兽类。但也有例外，比如我们的"国宝"大熊猫，虽然属于食肉目，其祖先也是以肉食为主，但现在却几乎成了"素食主义者"。食肉目动物一般有着锋利的牙齿和锐利的爪子，有利于撕咬猎物。

驴、马、野猪等都是有蹄类动物。它们的蹄子其实是坚硬而巨大的指（趾）甲，可以完全触碰地面，支撑整个身体的重量。它们根据指（趾）发育的数量分为奇蹄目和偶蹄目。一般来说，奇蹄目动物，如野马、藏野驴等都非常善于奔跑。

人类就属于灵长目动物，而非人灵长类就是除人类以外的灵长目动物，像猩猩、猴、长臂猿等，都属于这一类。非人灵长类动物主要是树栖动物，小部分为地栖。它们的四肢手足端都长着一个大拇指（大脚趾），和其他四指配合，可以灵活抓各种东西。有了灵活的手指和长长的手臂，它们可以自由地在丛林中跳跃。

脑比较发达，对比其他动物来说更聪明；它们大部分都是通过胎生直接生下幼崽，并且用妈妈的乳汁来哺育幼崽。根据不同的特征，哺乳动物被分为不同的"目"[1]。

物

---

1 目前我们对生物的分类一般使用"界—门—纲—目—科—属—种"这种分类体系，哺乳动物一般被归为一个哺乳纲，而哺乳纲之下又根据不同的特点分为多个目，目之下又分为不同科、属，最后到某个特定的种。

| 啮齿目 | 翼手目 | 鲸目 |

老鼠、松鼠、仓鼠等属于啮齿目动物。啮齿目最大的特征就是拥有两颗大大的门牙，而且这两颗门牙终生都可以生长。这两颗门牙是它们对付坚硬的食物最厉害的"武器"，在啃吃食物的同时还可以把门牙磨得更锋利。因为它们的适应性非常强，所以数量比其他种类的哺乳动物都要多。

翼手目动物的俗称为蝙蝠。这是一群独具飞翔技能的哺乳类动物，它们的前肢化为了翼，因此称为翼手目。目前，蝙蝠是仅次于啮齿目的第二大类群。不同种类的蝙蝠，食物也不同，有虫、肉、花蜜，还有血等。除了飞翔技能，蝙蝠还具有"回声定位系统"，所以即使在黑暗的环境下，这种夜行动物也能找到自己前进的方向和猎食的目标。

鲸目是生活在海洋中的一种哺乳动物，像海豚、鲸等，虽然它们的体形和鱼相似，但并不是鱼类。它们和其他哺乳动物一样，用肺呼吸，鼻孔一般长在头顶上，它们需要浮出水面进行呼吸，所以有时你会看到它们出水呼气时喷出的水柱。其中，蓝鲸是目前世界上已知的体形最大的哺乳动物。

哺乳动物不只有以上这些种类，还有食虫目、有袋目、长鼻目、鳞甲目、兔形目等其他类群。澳大利亚的"国宝"袋鼠属于有袋目，全身长满鳞片的穿山甲属于鳞甲目，以长鼻子为特征的大象属于长鼻目，它们都是哺乳动物大家族的成员。

进军东北森林

首先让我们来看看中国的东北地区，这里是中国纬度最高的区域，冬季寒冷而漫长，有气象记录的极端最低气温可达 -52.3℃，堪称中国的"寒极"。哺乳动物们该如何应对这里的寒冷呢？

想要在此生活，必须拥有强大的抗寒能力，哺乳动物们给出的解决方案是：厚厚的皮毛。它们在皮肤下贮存脂肪，在皮肤上生长毛发，毛发会在外围制造一层空气层，足以隔热保温。因此，拥有毛发是哺乳动物的特点之一。

以紫貂为例，它的体长约 40 厘米，毛长却可以达到 4.7 厘米，相当于一个身高 170 厘米的人浑身长满 20 厘米长的毛发，冬天出门自然毫无压力。紫貂占据了大兴安岭、长白山的密林，以鼠类、鸟类、植物果实为食。爬树也不在话下，它们穿着厚厚的"毛皮大衣"，依然可以在树上灵活行动，如履平地。

由于东北冬天和夏天的气温差异显著，有些哺乳动物还根据季节特点采取"换装"策略，使自身混入环境之中，不易被发现。夏天的伶（líng）鼬（yòu）"身穿"棕红色皮毛，腹部为白色或灰白色，到了冬季，则会换成一身雪白。雪兔也同样如此，但或许是"白色颜料用尽"，兔耳朵尖依然是黑色。

▲ 哺乳动物进军东北森林
图为中国动物地理区划中的东北区。

▼ 冬日的小兴安岭／摄影 梁家进

在最寒冷的时期到来前，有些哺乳动物会提前储备好食物，减少活动，或者干脆选择冬眠。花栗鼠就是一种会冬眠的松鼠科成员。它长着一对颊囊，能够用来储存食物。一旦抓住机会，就尽量多吃。看似小小的嘴巴里，能塞下数量惊人的坚果。

此外，哺乳动物拥有强大的血液循环系统。以健康成年男性为例，在安静状态下，其心脏一生一共要跳动约 30 亿次，经过心脏通往全身的血液加起来约有 2.1 亿升，可以装满约 110 个国际标准游泳池，足见能量之强。强大的循环系统加上厚厚的皮毛，让哺乳动物可以维持恒定的体温。为了更好地抵御寒冷，东北某些动物的体形比其在别处的"亲戚"更加庞大。以东北虎为例，它的体重可以达到华南虎（生活在中国中南部）的两倍。体形越大，体温变化越慢，并可能拥有更厚的脂肪用来御寒。

到了大地返青、春暖花开的春季，各种哺乳动物又开始欢腾跳跃，狍（páo）子、马鹿、驼鹿们都蠢蠢欲动。凭借上述策略，哺乳动物们拥有了东北这片极寒之地。不过，西边还有一片极其广袤的荒原在等着它们。

▼ 花鼠／摄影 徐永春
花鼠又叫花栗鼠，因背部的五道条纹，也被称为五道眉。

▼ 紫貂／摄影 王峥

这个中国有点"野"

踏上西部荒原

第 **2** 幕

　　中国的东部人口密集，西部人口稀疏，在遥远的西部边陲，人口密度可能不到东部沿海地区的百分之一。但是，这些少有人类踏足的地方，却有着种类极为多样的哺乳动物。

　　中国是世界上草原和荒漠面积最大的国家之一，而中国的草原和荒漠基本都位于动物地理区划中大兴安岭—黄土高原以西，喜马拉雅山脉以北的西部。除了草原和荒漠，西部地区只在祁连山、天山、阿尔泰山等山脉存有少量森林资源。

▲ 哺乳动物踏上西部荒原

图中包含中国动物地理区划中的蒙新区和青藏区。

▼ 可可西里的野牦牛／摄影 布琼

▲ 旱獭一家／摄影 张强

旱獭是群居生物,地下复杂的洞穴群是旱獭家族的生存居所。

　　虽然这里的气候环境普遍较为恶劣,或是干旱荒芜,或是高寒缺氧,但是,哺乳动物进化出了高超的胎生和哺乳能力,可以为胚胎发育提供安全的母体,并用乳汁喂养幼崽。此外,它们往往有积极保护幼崽的习性。这些生存策略使得它们即使是在非常艰苦的环境中,幼崽也能有很高的成活率。

　　在上述技能的基础上,有的哺乳动物还进化出不同的专长。首先是啮齿目,它们最醒目的特点是口中上下两对终生生长的门牙,啮齿目的"亲戚"——兔形目也具有类似特征。

　　这些小型哺乳动物的"发家史",也是一部充满艰辛的逆袭史。距今约 6000 万年前,它们的祖先还是一群体重不过 100 克的小家伙,随后它们又分化成了啮齿目和兔形目两大类群。啮齿目动物大多数个体较小,一出世就被各路天敌疯狂打压,被鹰捕杀,被猫头鹰捕杀,被犬科动物捕杀,被猫科动物捕杀……

　　刚出生的幼崽最为脆弱,为了保证物种延续,它们倾向于一年多胎、一胎多仔。因为没有铠甲护身,遇到捕食者,它们只能"抱头鼠窜",尽快躲到洞中。有些啮齿目动物的洞穴可以长达 8 米,以人类的身长换算,相当于人类居住在 80 米长的隧道中。在你的眼中是一片荒野的地方却有无数个门户相对的啮齿目家族,它们的洞穴构成了一个庞大的"地下城",这些"地下城"既可保暖,又能藏身,还是一家子相依相偎的地方。

▲ 藏狐捉住啮齿目动物／摄影 鲍永清
藏狐有独具特色的外表，仿佛就是一个"行走的表情包"。

▼ （左）黑翅鸢（yuān）捕捉啮齿目动物／摄影 徐永春
黑翅鸢为小型猛禽，通体颜色以灰色为主，腹部羽毛为白色，从平原到海拔4000米的高山都有所分布。

▼ （中）短耳鸮（xiāo）捕捉啮齿目动物／摄影 赵建英
短耳鸮的耳朵短小不外露，又大又圆的眼睛呈鲜艳的黄色，分布于低山、丘陵、荒漠、平原、沼泽等各类环境中。

▼ （右）兔狲捉住啮齿目动物／摄影 徐永春
兔狲既不是兔，也不是猴，而是属于猫科动物。它们的身形虽较为浑圆，但是行动敏捷，能以其敏锐的听觉和视觉察觉周围的情况。

由于缺少尖牙利爪，啮齿目动物和它们的近亲兔形目动物难以和大型动物竞争，只能在距离洞穴不远的草丛、灌丛或树丛中，用门齿挖掘根茎、啃食坚果。它们是高效能的"广谱摄食者"，也就是说它们并不挑食，拥有十分强悍的适应能力。

这些在逆境中磨炼出来的求生本领，最后演化成了它们生存的利器。凭借这些"看家本领"，它们适应了各种环境，演化出不同的家族。从荒漠到湿地，从草原到丛林，广袤的西部大地上遍布洞穴，四处吱吱作响，一派繁盛。

沙鼠主要生活在荒漠中，用发达的爪子打洞，依靠植物种子、果实为食。同样生活在干旱地区的跳鼠，拥有强壮的后腿，长长的尾巴，细小的前肢，行走时一路蹦蹦跳跳，仿佛袋鼠一般，恰如其名。鼠兔在草原上挖洞，利用鸟类的报警声躲避天敌。旱獭登上高原，生活在高寒的草甸区域。河狸选择下河求生，将尾巴变成一支"大桨"。它的躯体肥大，头小眼小，善游泳和潜水，胆子小，而且自卫能力比较弱，所以白天很少出洞，一般只在夜间活动。

各不相同的生存环境，也让它们的形态多样而奇特。但一直不变的，是那对标志性的门齿，凭着门齿，它们可以"劈山开路"。啮齿目动物和兔形目动物竟然成了"最成功"的哺乳动物，全球现存哺乳动物种类中，仅啮齿目占比就超过 40%，可谓是逆袭典范。

▼ 沙鼠／摄影 徐永春

▼ 跳鼠／摄影 张小玲

▲ 喜马拉雅旱獭／摄影 张强

两只直立身体的旱獭在相互厮打，露出标志性的大门牙。

▼ 正在筑巢的河狸／摄影 初雯雯

河狸身形圆润，是中国啮齿目动物中体形最大的一种，主要栖息在寒温带针叶林或针阔混交林的水边，
在我国仅分布在新疆北部，因其腺分泌物——河狸香是名贵香料，皮毛同样名贵，遭受了大量的猎杀。

啮齿目之外，西部地区的哺乳动物中，还有一支则"专攻"奔跑技能。它们的四肢更加修长，步幅更大，趾端还覆盖着厚实坚硬的蹄，所以被称为有蹄类。中国的有蹄类动物多达 70 种，它们个个都是奔跑健将，快速奔跑有利于躲避天敌的袭击，还可以通过大范围迁徙，在恶劣的环境中寻找到珍贵的食物和水源。

高原精灵藏羚羊，撒欢狂奔的野骆驼，身披长毛、易怒的野牦牛，臀部雪白的藏原羚，优雅的鹅喉羚，颇具王者风范的北山羊，有着螺旋状弯角的盘羊……西部荒原的有蹄类动物们或敏捷地游弋在崎岖不平、布满碎石的沙漠戈壁上，或自由地奔跑在一望无际的荒原上，享受着那里的风霜和雨雪，蓝天和大地。

▼ （上）藏原羚／摄影 卡布
藏原羚属于中国特有种，主要栖息在海拔 5000 米以下的高山草甸、荒漠地带。

▼ （下）鹅喉羚／摄影 刘钢
鹅喉羚主要生活在荒漠草原、戈壁。雄性一般有角，且角上的棱数随着年龄的增长而增加，雌性鹅喉羚则无角。

▼ 西藏马鹿／摄影 王剑峰
马鹿体形较大，在我国分为了 5 个亚种：阿拉善亚种、川西亚种、西藏亚种、东北亚种和塔里木亚种。

▲ 北山羊／摄影 刘钢

北山羊主要栖息在海拔 3000 ～ 6000 米的高山裸岩、草甸等地带，雄性和雌性都长有角，但雄性的角更大，向后弯曲，呈弯刀状。

▼ 盘羊／摄影 樊尚珍

盘羊主要分布在海拔 3000 ～ 5000 米的高山地带，雌性和雄性均有角，雄性的角更大，呈向下扭曲螺旋状。

▲ 雪豹／摄影 彭建生

　　啮齿目、兔形目和有蹄类都是以植物为主的植食或杂食动物，它们的繁盛促进了哺乳动物中另一个类群的繁盛，那就是它们的天敌——吃肉的食肉目，包括猫科、犬科、鼬科、熊科等。它们的门齿小，犬齿强大而锐利。它们还拥有一双利爪，便于捕食猎物。

　　生活在高山地带的雪豹，就是食肉目猫科动物中的一种。不过对它而言，捕猎可不是件易事。崎岖的地形、数量稀少且强壮灵敏的猎物，都为捕猎增加了难度。当一只雪豹捕到较大的猎物后，它必须好好饱餐一顿，绝不会浪费，因为下一餐很可能会在很久以后了。

　　当冬季大雪覆盖地表，大型捕食者的捕猎行动会更加困难，因为此时它们的皮毛在白色的雪原上变得更加显眼，很容易被猎物发现。赤狐会在荒野中寻找雪层下的老鼠，定位后纵身一跃，扎向雪地，将猎物收入口中。而体形更大的狼，有时为了捕食一只小小的鼠兔，也需要全神贯注地瞄准目标，时刻准备发起攻击。

　　至此，哺乳动物已拥有了包括东北、西部在内的半个中国，下一步，它们即将走入南方的丛林中。

▲ 成功捕获猎物的赤狐／摄影 徐永春

▼ 正在伏击猎物的狼／摄影 冯江

深入南方丛林

第 *3* 幕

秦岭—淮河以南、喜马拉雅山脉以东是中国水热资源最为丰富的地区，属于中国动物地理区划上的南方。充足的热量是植物活跃生长的保障，而水也是植物生长不可或缺的物质，水热充足的南方因此成为中国森林分布最广的区域。由于生态环境复杂多样，中国南方的茂密森林成为各类物种的集中地，中国有 150 种特有哺乳动物，其中一半以上的物种在这里栖息，而这些物种中最著名的当数大熊猫。

▲ 哺乳动物深入南方丛林

图中包括中国动物地理区划中的华南区、华中区和西南区。

▼ 大熊猫国家公园王朗片区的针阔混交林／摄影 邹滔

茂密的丛林中，有些树木的高度可以达到 50 ～ 60 米，相当于 20 多层楼的高度。从树冠到林下形成丰富的层次，为更多的物种提供了生存空间。森林中的一些哺乳动物演化出了强大的树栖能力。

啮齿目的巨松鼠就是一种典型的树栖动物。它的体重可达 3 千克，是同为松鼠科成员的花栗鼠的几十倍，其背部和尾部呈黑色，腹部呈黄色。如果需要在不同枝杈间移动，巨松鼠及其他多数树栖啮齿动物主要依靠攀爬或跳跃来实现。

但同属啮齿目的鼯（wú）鼠就不一样了，它们在高大的树洞中建巢，凭借着体侧与四肢连接的飞膜轻轻一跃便可滑翔而出。作为一个会飞的家族成员，它可真是给啮齿目增光添彩。

飞翔本领在啮齿目中并不多见，但在翼手目中就属于稀松平常了。它们俗称"蝙蝠"，全球多达 1300 余种，是哺乳动物中仅次于啮齿目的第二大类群。大多数蝙蝠依靠锐利的钩爪栖息于树木之上，甚至是棕榈（lǘ）叶茎、蕉叶上。它们的前肢指末端至后肢及尾间拥有薄而多绒的翼膜，后肢甚至可以扭转 180 度，以便进行各种飞行变换。

▼ 巨松鼠／摄影 赵建英
巨松鼠主要分布在我国云南、广西、海南、西藏等地。

▼ 滑翔中的鼯鼠／摄影 黄耀华
鼯鼠又称"飞鼠"，体侧与四肢连为一体的飞膜是鼯鼠在树林间滑行的法宝。

▲ 海南的热带原始森林 | 摄影 高扬

▲白头叶猴一家在树上休憩／摄影 谢建国│自然影像中国

而树栖动物中最重要的一类，非四肢灵活、头脑发达的灵长目莫属了。

灵长目中，猴科的物种数量多达 19 种。分布于广西的白头叶猴是世界濒危的灵长类之一，它的体毛以黑色为主，头部高耸着一撮直立的白毛，就像戴着一顶尖顶的白色小帽。而白头叶猴的幼崽则是通体金黄，在成长过程中，体毛会慢慢变成灰色，最后成长为父母的样子。除此之外，中国的猴科动物还有分布于广西、贵州、重庆的黑叶猴，分布于云南的菲氏叶猴，分布于南方多省区的藏酋（qiú）猴，以及分布于四川、贵州、云南等地的金丝猴……

而长臂猿，则是中国境内与我们人类亲缘关系最近的一类动物，它们经常被称为人类的"表亲"。它们的手比脚长，是敏捷的攀爬者和臂行者，像分布于云南的天行长臂猿、西黑冠长臂猿，还有仅存于海南的海南长臂猿等。可惜，目前它们的数量都十分稀少。

▼（左）白颊长臂猿／摄影 张程皓
曾广泛分布于云南南部地区，但因原始森林被破坏和猖獗的盗猎，此物种已被宣布在中国野外灭绝。
▼（右）在密林间"飞跃"的西黑冠长臂猿／摄影 谢建国｜自然影像中国
西黑冠长臂猿雄性为黑色，雌性为棕黄色或灰黄色，在国内仅分布在云南地区。

动物界的"高级玩家"：灵长目

哺乳动物中，甚至是整个动物界中，有着一类进化水平最高，最为智慧的"高级玩家"，这便是灵长目。而我们人类本身，也属于灵长目。

作为最古老的哺乳动物之一，灵长目分为较为原始的原猴亚目和更为高等的简鼻亚目两个大分支。如狐猴、懒猴、婴猴等，属于原猴亚目。归属于简鼻亚目的类人猿下目中，又包括鼻孔相距较远的阔鼻类和相距较近的狭鼻类。人类正是属于狭鼻类中的人科，而与人科同属于狭鼻类的，还有猴科和长臂猿科。

猴科动物是狭鼻类中种类最多的，世界范围内猴科动物就多达160种，包括且不限于猕猴、金丝猴、藏酋猴、白头叶猴、黑叶猴……相比于猴科动物，长臂猿科动物的种类则少很多，仅仅有20种。长臂猿科与人科一并被称为人猿总科，在中国境内，长臂猿是和人类关系最为亲近的动物。

长臂猿科与猴科，除了种类和与人类亲缘关系的不同之外，在外表特征上也有很多不同之处。一般来说，猿类尾巴退化，而猴类尾巴长且发达。猴类的尾巴可以充当平衡器，在攀爬、跳跃、行走的过程中，帮助它们保持身体的平衡。在四肢长度上，长臂猿有着比猴更长的手臂，其前肢比后肢长。它们可以借此如疾风般从一棵树上荡到另一棵树上。

▼ 灵长目—类人猿下目家庭树

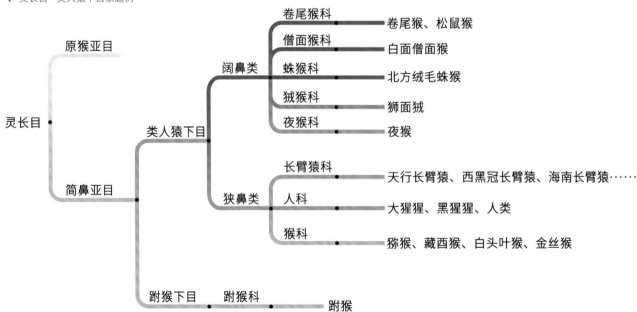

在中国，与人类亲缘关系最接近的是长臂猿，那在世界范围内，与人类关系最为密切的又是哪种动物呢？答案就是包括猩猩、大猩猩和黑猩猩的"猩猩一族"。它们和人类同属于人科。在"猩猩一族"中，不同种类有着各自的特点。大猩猩是"猩猩一族"中体形最为庞大的，它的身材魁梧，如同一位"大力壮士"。猩猩最明显的特征就是披着一身长长的棕红色毛发。而黑猩猩有着最为聪明的头脑，会露出喜、怒、哀、乐的不同表情，也会模仿人类的动作。

现在，对动物界的这些"高级玩家"，你分清楚了吗？

▲ 川金丝猴母子／摄影 张强
川金丝猴为中国特有物种，分布于陕西南部、甘肃、四川等地，生活在海拔 1500 ～ 3300 米的山地森林中。

▲ 金钱豹／摄影 曾长
金钱豹黄色的皮毛上布满了大小不一的黑斑，
其黑斑形状和古代铜钱形状相似，因而得名。

◀ 大熊猫幼崽／摄影 奚志农｜野性中国

▲ 云南亚洲象群在林间休息／摄影 云南省森林消防总队

亚洲象在我国仅分布于云南南部地区，是亚洲最大的陆生生物，成年的亚洲象除了人类以外，几乎没有其他天敌。2020 年 3 月—2021 年 8 月，云南一群野生亚洲象迁徙的事件引发公众关注，而这一"出门远游"的象群也在迁徙过程中留下了一幕幕可爱的画面。

　　除了树栖的哺乳动物，水鹿、青鼬、豹猫、大象等地栖、半树栖物种在林地间往来穿梭，它们共同构成了中国南方山地极为立体的森林生态系统。同一片山林，甚至一棵树上，不同的动物一起取食，热闹非凡。而在更大的空间范围内，尤其在横断山脉、喜马拉雅山脉东南段，以及秦巴山区，高山峡谷交错纵横之地，还形成了垂直跨度更大的生态系统。

　　除了东北极寒地带，西部广袤荒原，南方丛林，现在还有哪些地方，是哺乳动物可以继续进军的吗？当然有，那就是海洋！

生物群落的"垂直分层"

各地的地形、温度、水分、光照等环境条件不同，其中生存的动植物也会有很大区别。在一座相对高度较大的山或者一个森林生态系统内，不同的生物都会占据或共享一定的空间，而在垂直方向上，它们的"家园"会出现分层现象，这种现象在生态学上被称为生物群落的垂直结构。

群落是什么？群落是在一定的时间或者空间范围内，各种动物、植物或者微生物的聚集。通常一个群落并不只有一种生物，它总是包括很多种动物、植物和微生物。

以一个发育良好的森林群落为例，光照是影响不同植物垂直分层的重要因素。随着光照强度从上至下的逐渐减弱，森林里会依次出现林冠层、林下层、灌木层和地面层等。在西双版纳的热带雨林里，懒猴、猕猴等在树林间四处穿梭；灌丛里，树鼩（qú）、毛猬（wèi）寻找着肥美的虫子作为自己的"盘中餐"；地面上，大象、水鹿等或是在树林漫步，或是在河边喝上一口清水；竹鼠、针毛鼠等长着大门牙的啮齿动物则占领了森林中的地下世界，挖出了一个个复杂的"地下城"。

露生层

林冠层

林下层

灌木层

地面层

长臂猿

黑叶猴

蝙蝠

懒猴

穿山甲

亚洲象

马来熊

竹鼠

◀ 森林生态系统示意图
仅做示意，非真实比例和实际场景。

在更大的范围内，植物的群落随着海拔升高，在垂直方向上出现分化，从"山之王者"喜马拉雅山的南翼来看：从山麓（lù）到山顶，能看见以榕树、棕榈等组成的藤蔓纠缠的热带雨林；长有印度栲（kǎo）、樟树、白兰花等"四季常青"的亚热带常绿阔叶林；还有以喜马拉雅长叶松、乔松等组成的暖温带针叶阔叶混交林；以及生长着喜马拉雅红杉、云杉等"抗寒勇士"的寒温带针叶林等。而这里更是动物们的王国：从生活在低海拔的孟加拉虎、云豹，到中山地带的喜山长尾叶猴、金钱豹，再到高海拔地区的兔狲、雪豹，它们在喜马拉雅山脉的不同高度之上各得其所，各觅一处生活的家园。

在群落垂直结构的每一层，都有着特有的动物栖息。群落的层次越多，代表着群落中动物的种类越丰富。不管是一棵树还是一座山，它们就像一座"高层住宅楼"，生活在这里的生物们在各自的"楼层"当中，各得其所，邻里和谐，共同构成了生物大繁荣的景象。

高山冰雪带

高山灌丛带、草甸带、荒漠带

兔狲

岩羊　　雪豹

高山针叶林带

喜山长尾叶猴

小熊猫

针阔混交林带

金猫　　孟加拉虎

常绿落叶阔叶林带

赤麂

▶ 垂直生态系统示意图
仅做示意，非真实比例和实际场景。

数十亿年的演化进程中，海陆变迁，沧海桑田。许多生命也由此从水中走上了陆地，从水生动植物进化成了陆生动植物。

而一支强大的哺乳动物又决定重新占领海洋，它们的体毛、后肢退化，生长出类似鱼类的尾鳍、背鳍，与人类一样用肺部呼吸，头顶长有一个"喷气孔"，用哺乳的方式养育幼崽，这便是鲸目动物。其中最为我们所熟知的便是中华白海豚、蓝鲸、抹香鲸等。除此之外，还有一些哺乳动物，它们并没有完全转为水栖，还能适应陆地生活。它们的祖先在若干年前与鼬科分道扬镳，四肢进化为像鳍一样的形状，各趾间有蹼相连，前肢鳍足大且无毛，后肢转向体后，有利于陆上爬行。它们既会在水里捕食、玩耍，也会在岸边繁衍、哺育后代，这就是诸如海狮、海象、海豹、海狗一类的动物，在我国的代表种类有斑海豹、北海狮等。

中国的水生哺乳动物数量多达数十种，它们分布在中国的渤海、黄海、东海和南海。

▼ 哺乳动物占领广袤海洋

▲ 一大一小两只斑海豹在礁石上栖息／摄影 赵锷

图左方为斑海豹亚成体，右为成体。

▼ 小布氏鲸／摄影 陆兰天

小布氏鲸在冬春季时常出现在广西涠洲岛海域。

海洋中的"粉红精灵":中华白海豚

在鲸目动物中有一些活泼可爱的精灵,它们有着粉红色的外表、修长的身形,被人们称为"水上美人鱼"。它们就是国家一级保护野生动物、被誉为"海上大熊猫"的中华白海豚。它们主要生活在我国的东南沿海地区,最北可以到达长江口。广东、广西、福建等沿海河口水域,都是它们的家园。

这些海洋精灵粉嫩粉嫩的皮肤并不是一出生就有的。幼年的中华白海豚其实是灰黑色的,随着年龄的慢慢增长,肤色会慢慢变浅、变白。成年后的中华白海豚会呈粉红色,这是因为它们浅白的皮肤下分布着许多血管。而随着血管扩张和收缩的变化,这种粉红色还会有或深或浅的变化。

中华白海豚的尾鳍健壮有力,流线型的身体又能有效地减少海水带来的阻力,这样的"装备"使得它们的游泳速度非常快。在靠近水面时,偶尔还会表演一下"水上芭蕾"——从水中跃出水面,又跳进水里,动作十分优美动人。

它们的眼睛乌黑发亮,但其实视力很差,那么它们是如何"看清"周围的环境的呢?中华白海豚自带一个"回声定位系统",它们会向四周发出高频的声音进行探测,通过反射回来的信号的差别来区分不同的食物和方向。这个"回声定位系统"就像是中华白海豚的眼睛,让它们能够"看"清楚这个世界。

然而,填海造陆、过度捕捞、工业污水排放等,一直威胁着中华白海豚的生命。为了保护这些可爱的粉色精灵,国家建立了珠江口中华白海豚国家级自然保护区、厦门中华白海豚自然保护区等,让它们有一个更加安全健康的生活家园。

▼ 跳起"水上芭蕾"的中华白海豚，拍摄于香港／摄影 吴颖｜奇野中国

海象、海狮、海豹、海狗，你能分清楚吗？

海象、海狮、海豹、海狗，名字听起来很相似的"海洋大家族"，都属于哺乳动物中的鳍脚类，即四肢退化成鳍状，五趾有蹼相连的动物。它们之间有什么明显的可区别特征呢？

在我国的渤海、黄海，可以看到体形庞大的北海狮；而在渤海、东海、黄海等地，能看到身形圆润，穿着"花衣裳"的斑海豹；还有偶尔出现在黄海、东海、南海，自带一块"保温被"的北海狗。海象则主要栖息在北冰洋地区。

深层触须神经
有助于寻找食物及感知周围环境。

每只海象大概有400根胡须，每根胡须的根部皮肤中布满了血管与神经。

75～96厘米

海象

这四种动物中最与众不同，最有特点的就是海象了。想要辨别海象，那就看看它有没有一对又长又尖的犬齿——獠（liáo）牙。不管是雄性还是雌性的海象，都长有这么一双突出的犬齿。这是它们用来保护领地，吸引异性的工具。

哺乳动物

食肉目

鳍脚类

海豹科　海狮科　海象科

海狮亚科　　　海狗亚科

耳洞

绘图参考@王峥的摄影作品

海豹与海狮、海狗不同，它们没有外耳郭，只有一对小耳洞，海狮和海狗都有外耳郭，因此头上戴着两只"小耳朵"。同时，海豹还有一个明显的特征，成年的海豹外表有许多大小不一的斑点，这和陆地上的豹斑点类似。相对海狮、海狗来说，海豹的后肢已经退化，在陆地上是不能直立行走的，只能依靠身体来蠕动。所以，在海岸上如果看到一头头"懒洋洋"的海豹躺在岸边，并不是因为它们真的很懒，或许它们只是在"走路"而已。

海狗　　海狮

海狮与海狗是近亲，同属海狮科，所以它们的外表更加相似。辨别它们最重要的一点是，相对于海狮，海狗身上有着更厚、更软、更多的皮毛，就像穿着一件毛绒外套，所以海狗也被称为"毛皮海狮"。

第5幕

「占领」全中国

　　至此，哺乳动物大家族可以说是非常成功了，但是这还不够，对中国真正全面的"占领"，是由哺乳动物中的一群高智商玩家——智人完成的。智人属于哺乳动物中的灵长目，是人科人属现存的唯一成员，可以根据出现时间早晚分为早期智人和晚期智人。晚期智人的身体结构和现代人最为接近，他们习惯直立步行、臂长不过膝、体毛退化，会利用石、骨、兽角等原料制造出生产工具，并且拥有高度发达的大脑，还会制作一些装饰品打扮自己。

　　人类这个"史上最强"哺乳动物，对中国的改变是十分显著的。自从数万年前现代中国人的祖先登上中国大地后，便开始大刀阔斧地对地表进行改造。他们砍伐树木，开垦土地，种植粮食和蔬菜；他们开山凿石，挖坑取土，筑起一间间房屋；他们聚集生活，形成村落，夯筑城墙，合围成城市；他们甚至还修路架桥，连通万里之外的山河。

▼ 陕西黄土高原上的植被与农田／摄影 刘锐锋

中国晚期智人的代表：山顶洞人

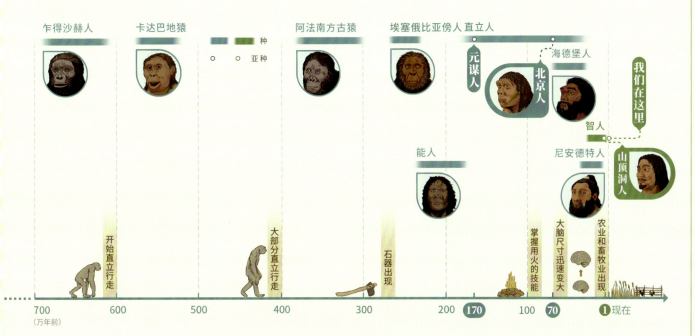

▲ 人类演化示意图

在人类漫长的演化史中，曾出现过猿人、能人、直立人、早期智人、晚期智人等人种。在中国，山顶洞人是晚期智人的典型代表。

山顶洞人生活在旧石器时代晚期，距今已经有3万多年了。由于是在北京房山周口店北京人遗址顶部的山顶洞发现了他们的遗骨化石，因此他们被称为"山顶洞人"。山顶洞人依然使用着打制石器，过着捕鱼、打猎的生活。最为特别的是在山顶洞人遗址当中发现的一枚"骨针"，光滑纤细，针尖锐利，另一头还有一个规整的针眼，便于引线。这证明山顶洞人当时已经有着高超的钻孔技术，也说明他们当时已经开始用猎捕到的动物的皮来缝制衣服，用于抵御寒冷。

山顶洞人还有着一颗"爱美之心"，他们会利用钻孔技术把贝壳、兽牙、鱼骨等穿在一起，做成一条条精美的项链。他们还会用到一些天然颜料，比如赤铁矿，用它把装饰品染成红色，使之变得鲜艳夺目。

更加引人注目的是，山顶洞人对去世的人会举行一定的埋葬仪式。或许是他们对同伴的遗体动了恻隐之心，或许是不愿见到遗体腐败的景象，又或许是不愿见到曾经朝夕相处的同伴化作白骨，他们用脚下的泥土将同伴掩埋。这种最简单、最早出现的墓葬——土葬，从山顶洞墓葬开始，已经延续1.8万年，至今仍然是中国丧葬的主要形式之一。

凭借强大的生存技能，人类建立了星星点点的村落，走向江河湖海，走向大漠高山。万家灯火点亮了亚欧大陆的东部，华北平原、东北平原、长江中下游平原、珠三角地区、关中地区、成渝地区是中国人类活动最为频繁的地方。从东南丘陵到黄土高原，从东北森林到西北绿洲，到处都是人类的足迹。

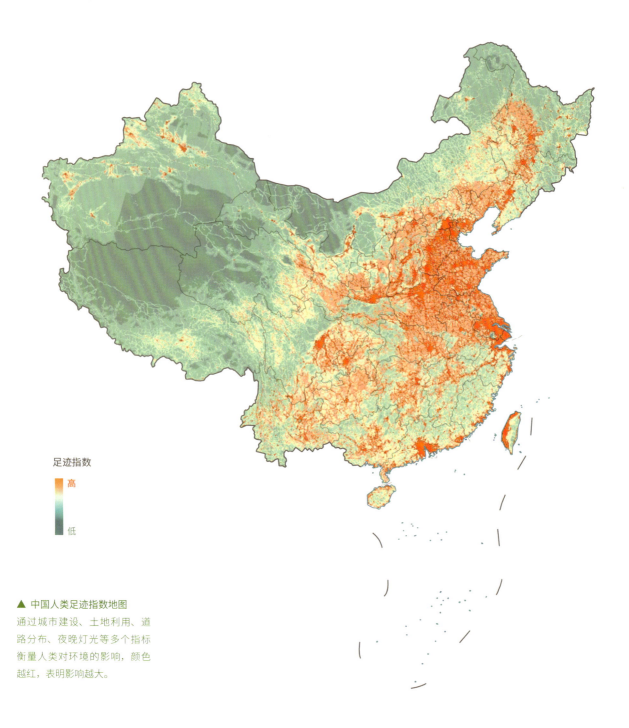

足迹指数

高

低

▲ **中国人类足迹指数地图**
通过城市建设、土地利用、道路分布、夜晚灯光等多个指标衡量人类对环境的影响，颜色越红，表明影响越大。

随着人类的扩张，其他哺乳动物的生存空间被不断压缩。

国宝大熊猫是中国特有的物种。历史上，从华北到华南、从华东到西南的山林都是它们的生活领地，而如今仅在川西山地和秦岭一带有大熊猫的自然栖息地。

20世纪以前　　　　20世纪　　　　2010年以来

图　例
· 历史分布地点
历史分布省份
■ 2010年以来分布范围

▲ 大熊猫的分布变化示意图

"百兽之王"老虎，曾经称霸中国的大江南北。然而如今虎在中国已经所剩无几。东北虎蜷缩在破败的森林里苟延残喘，华南虎只剩下传说，藏东南的孟加拉虎、滇西南的印支虎也难得一见。

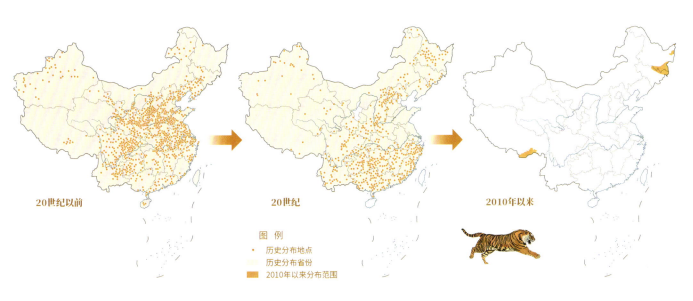

20世纪以前　　　　20世纪　　　　2010年以来

图　例
· 历史分布地点
历史分布省份
■ 2010年以来分布范围

▲ 虎的分布变化示意图

长臂猿是人类的近亲，依靠长长的臂膀在森林中穿梭、飞跃。但伴随着人类领地不断向外扩张，长臂猿只得收缩自己的领地，尽量远离人类的干扰。2017 年被命名的天行长臂猿，在国内的数量可能还不到 150 只，残存在高黎贡山等地。

20世纪以前　　20世纪　　2010年以来

图　例
· 历史分布地点
历史分布省份
2010年以来分布范围

▲ 长臂猿的分布变化示意图

野马、野驴曾自由驰骋在东北、西北及青藏高原的草原上。近一百年来，中国境内天然分布的野马灭绝了，20 世纪 80 年代，野马被重新引进，野马种群开始恢复，但整体恢复情况依旧不容乐观。而野驴的分布地区也显著减少，目前主要分布在新疆、西藏、内蒙古等地。

20世纪以前　　20世纪　　2010年以来

图　例
· 历史分布地点
历史分布省份
2010年以来分布范围

▲ 野马、野驴的分布变化示意图

曾经，犀牛是中国南方地区常见的动物，甚至在北方地区也有它们的活动记录。但 20 世纪中叶之后，犀牛在中国的野外彻底消失了。

20世纪以前　　　　　　20世纪　　　　　　2010年以来

图 例
· 历史分布地点
历史分布省份

▲ 犀牛的分布变化示意图

除此之外，曾经在中国沿海地区十分常见的鲸、海豚，由于人类活动的影响，以及海洋污染等原因，也变得踪迹难觅。高原上的"精灵"藏羚羊，遭受过非法盗猎者的大肆屠杀；整个华北地区，只有太行山还有野生华北豹"苟延残喘"；曾经起源于中国的特有物种如麋（mí）鹿，已经在中国灭绝，只能重新从国外引入。

有一个鲜为人知的事实：世界上哺乳动物物种最丰富的国家之一。在中国约 960 万平方千米的广阔陆地上和主张管辖的约 300 万平方千米的海域中，有连绵起伏的高山、汹涌澎湃的大江、古木参天的森林、荒无人烟的沙漠、波澜壮阔的大海……正是因为拥有如此千姿百态的地貌、气候和植被等，许多野生动物才能够在这里找到自己的"安乐之家"。少有国家可以像中国这样，野生动物种类如此多样。

人类，作为哺乳动物的一员，有与其他生灵和谐相处的责任和义务。几十年来，中国相继建立了 2700 多个自然保护区，为保护野生动物，保护它们栖息的环境，还划定了中国最后的"荒野"。同时，《中华人民共和国野生动物保护法》的修订也已经提上日程。在 2020 年 2 月，十三届全国人大常委会第十六次会议已通过表决：全面禁止食用野生动物，全面禁止非法野生动物交易。相信随着各项保护措施的落实，野生动物将得到越来越切实的保护。

尾声

第6幕

▲ 藏野驴在雪原上／摄影 卡布

其实，野生动物和我们人类一样，都是这颗星球表面渺小的生灵。它们同样经历着生、老、病、死，在它们的世界里也有着残酷的生存法则，它们也同样有着生存与繁衍的权利。但愿我们可以真正地为它们留出生存空间，与它们和谐相处。因为我们同住一个家园，同踏一片土地，同看一片星空，同创一个美丽中国。保护它们，其实也是在保护我们自己。

守护这个共同的家园，需要我们每一个人的努力，你愿意吗？

低温缺氧，寒风肆虐

沼泽遍地，危险重重

放眼望去

高山、湖泊、冰雪伴随左右

这里是生命的禁区

草甸蔓延，雪灵芝争艳

鼠兔蹦跳，旱獭挖洞

角百灵歌唱，黑颈鹤起舞

棕熊独来独往，藏原羚可爱温柔

藏羚羊开启迎接新生的"希望之旅"

藏狐机警地守候着下一个猎物

胡兀鹫化身"荒原清道夫"

这里是生命的天堂

这就是可可西里

中国最伟大的荒野！

2 可可西里

让荒野永远荒野

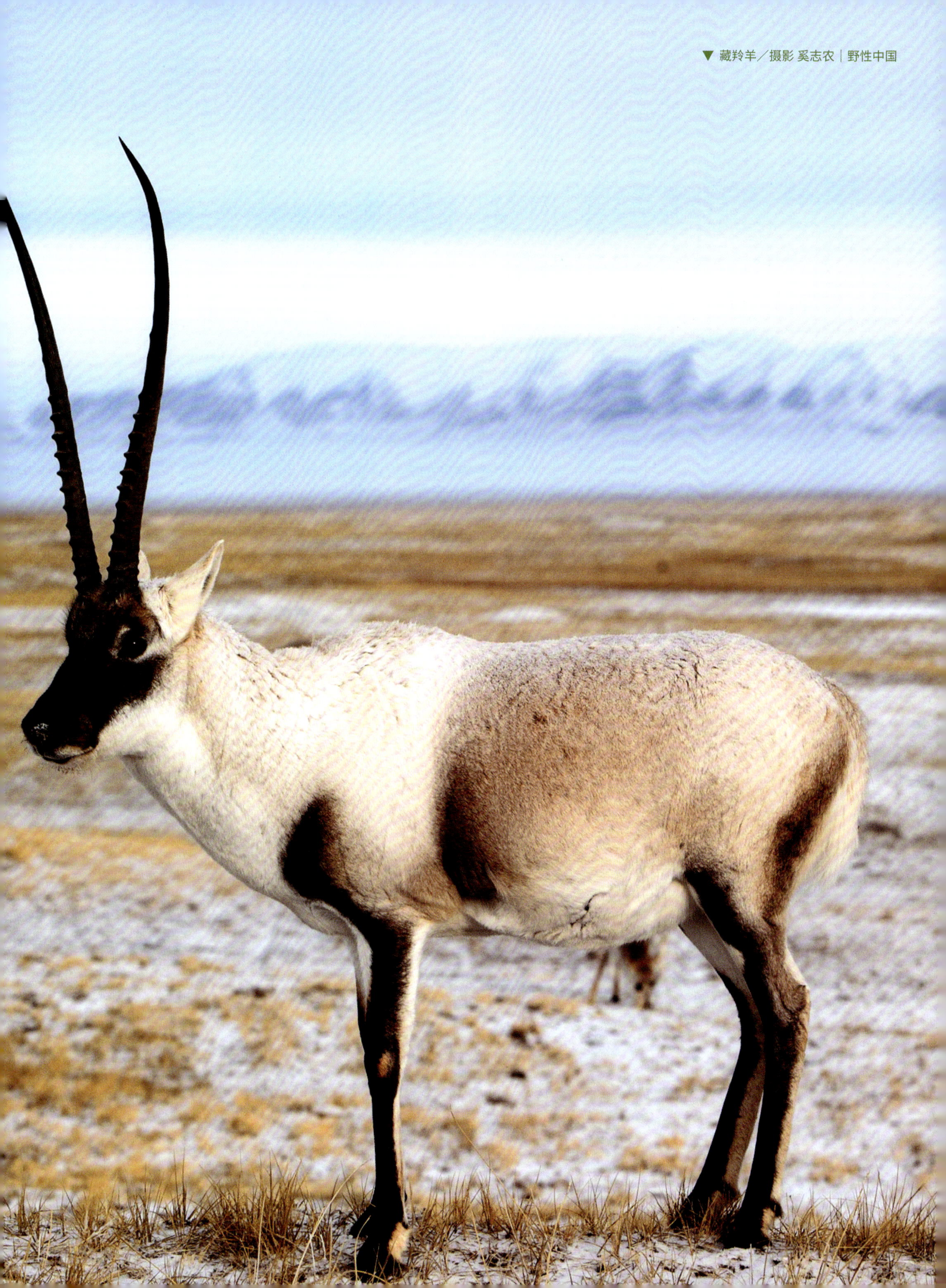
▼ 藏羚羊／摄影 奚志农 | 野性中国

从数万年前开始，我们的祖先便陆续踏上了中国所在的这片大地，他们对脚下的土地进行持续改造：开辟牧场、开垦田地、建设城镇……改变了自然的面貌。而在最近的一百多年里，工业突飞猛进，钢筋混凝土构筑的高楼大厦拔地而起，四通八达的公路、铁路像一根根毛细血管一般向四方延伸，山川高原、森林草地、江河湖海、沙漠戈壁、湿地平原……到处可见人类的身影，到处被人类的活动分隔成碎片。

　　在大变革的背景之下，有一块土地却倔强地保留着它最原始的面貌。在广阔的土地上，除了荒野，还是荒野。这就是可可西里——中国最伟大的荒野。平均海拔 5000 米，横跨青海省和西藏自治区，总面积约 23.5 万平方千米。在这里，你几乎看不到人烟。

　　我们常常把这样的荒野称为"生命的禁区"。其实，"禁区"只是对人类而言。当成群的藏羚羊、藏野驴在你面前绝尘而过，当壮硕的野牦牛气势汹汹地向你冲来，你会深刻地认识到，可可西里非但不是什么"生命的禁区"，反而是"生命的殿堂"！而要真正认识可可西里，我们还得从它的诞生说起。

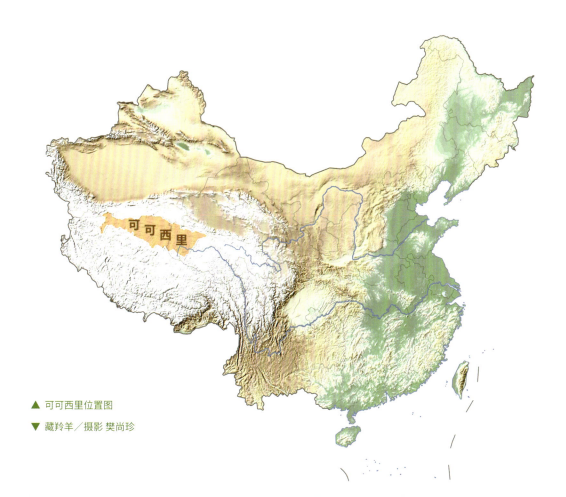

▲ 可可西里位置图

▼ 藏羚羊／摄影 樊尚珍

荒野的诞生

第 *1* 幕

　　时光倒回到 3 亿年前，这是一个恐龙尚未出现的年代。可可西里还是位于印度洋板块和亚欧板块之间的一片大海。后来，在约 6500 万年前[1]，印度洋板块向亚欧板块飞速撞去，可可西里所在的海域随之关闭，青藏高原开始剧烈抬升。

　　撼天动地的地壳运动使得大量炙热的岩浆从地下喷涌而出，至今，在可可西里仍可见到火山遗迹。地下水被加热，在海拔 4900 米左右的地方形成了地球上海拔最高的一片温泉群。板块碰撞的力量，让昆仑山脉和唐古拉山脉相继隆升。两条巨大的山脉之间，则横亘着可可西里山、风火山、乌兰乌拉山。这些大山自西向东延伸，山与山之间夹着宽阔的盆地。就这样，广袤的荒野——可可西里便诞生了。

　　不过，这样一片广阔的高原，四周并没有难以逾越的遮挡，而人类探索和改造自然的能力又十分强大，可可西里凭借什么保持自己的荒野本色呢？

---

1 关于印度洋板块与亚欧板块的碰撞时间有争议，存在 6500 万年前、5000 万年前等多种观点。本书采用中国科学院丁林院士的观点，即 6500万年前印度洋板块开始与亚欧板块发生碰撞。

▲ 可可西里温泉群／摄影 秦晖

▼ 可可西里的火山遗迹／摄影 布琼

第2幕 两大『法宝』

　　保持荒野本色的第一大法宝是"高冷"，即用"超高海拔"和"超低温度"击退人类进军的步伐。

　　可可西里平均海拔达到 5000 多米，是青藏高原上海拔最高的地区之一。这是什么概念呢？举个例子，让很多初次入藏的旅行者吃尽高原反应苦头的拉萨市区，海拔其实也只有 3600 多米，可可西里则比拉萨还高出 1000 多米。

　　超高的海拔造就了一个冰冻的世界。这里的年平均气温在 -10℃～ -4.1℃，最低气温可低至 -46.2℃。长期的低温让可可西里 90% 的土地变成了永久冻土，冻土层厚度达到 80 ～ 120 米，相当于三十层楼的高度。

▼ 可可西里冰冻的大地／摄影 张超音

▲ 普若岗日冰川／摄影 姜曦

　　地下是厚厚的冻土，高山之上则形成了巨大的冰川。大规模的冰川在自身重力作用下缓慢移动，像大河一般从山中流出，向下延伸数十千米。巨大的冰体让行走于其上的人们显得十分渺小，就像面对着一堵看不到顶的冰墙。作为一种流动的固体，壮美无比的冰川拥有十分强大的力量，它在移动的过程中不断刨蚀山体，形成深深的冰川谷，使山体变得十分陡峭。

　　冰川不仅能"削山"，还能"裂石"。白天气温稍高时，部分冰川融化成水，渗到岩石裂缝中；夜晚气温降低，水再次冻结成冰，体积膨胀，就像是伸到岩石中的楔子，将大块的岩石撑开。长此以往，大石块就被分解成了大大小小的沙粒和砾石，风吹起其中较细的沙砾，并在其他地方落下，聚积，最终形成了连绵的高寒沙丘。

有了"高冷"的加持，可可西里已经可以击退大部分人类了，它还有第二个法宝——湖泊和沼泽。不管是车还是人，来到这里基本上都寸步难行。这个法宝又是如何炼成的呢？

可可西里众多的冰川在消融的过程中，冰雪融水汇集成涓涓细流。这些河流中，除了少数可以穿越昆仑山，流向北方干旱的柴达木盆地，或是汇入长江、黄河，成为大河的源头，大多是流程很短的季节性河流。同时，可可西里地势平坦，起伏不大，这些水量较小、侵蚀力有限的河流并不能畅快流淌。可可西里的地下多是不透水的冻土层，使得地表水难以渗到地下。再加上气温低、蒸发慢，于是水就在地表汇集成湖泊。在可可西里，面

积大于 200 平方干米的湖泊就有 7 个，面积在 1 ～ 200 平方干米的湖泊有上百个，而面积不足 1 平方干米的湖泊更是超过了 7000 个。可可西里真是名副其实的"湖泊王国"，也是中国乃至全世界湖泊分布最密集的地区之一。

　　卓乃湖就是一个大型湖泊。它仿佛一道华丽的蓝色绸带，飘落在戈壁与雪山间。每年六七月份，雌性藏羚羊会拖着怀孕的身躯，长途跋涉来到这里产崽，因此卓乃湖有"藏羚羊大产房"之称。除卓乃湖之外，著名的太阳湖也是藏羚羊的产崽地。

▼ 聚集在卓乃湖畔的藏羚羊，前方为大雪峰／摄影 布琼

其他的高原湖泊大小各异，湖岸或笔直，或曲折，它们都拥有清澈的湖水。一个个湖泊就像一颗颗珍珠，嵌在可可西里的大地之上。一到傍晚时分，金光映照着连绵雪峰，静谧的湖泊变得如梦似幻。

　　可可西里地区星罗棋布的湖泊给沼泽的形成提供了首要因素——水。沼泽可以说是一片含过多水分的土地，而湖沼化正是沼泽形成的一种类型。湖泊里已经枯萎的水生植物，由于在水下氧气不足，无法彻底地分解，最终形成一种叫"泥炭"的物质。随着这种物质越积越厚，湖水越来越浅，湖面也变得越来越小，最终湖泊消失，形成了沼泽。

▼ 可可西里水系图

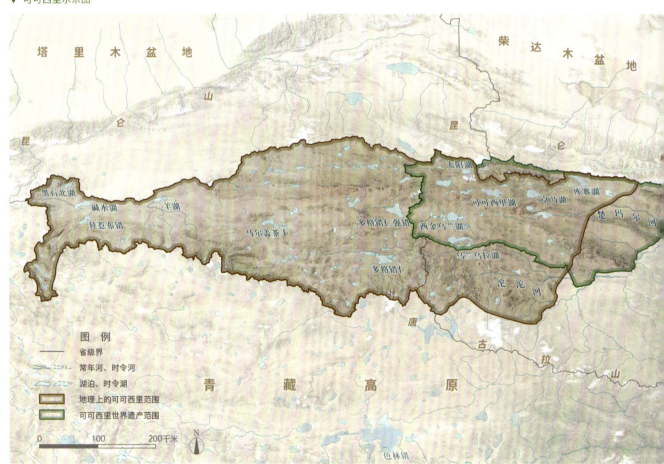

　　　　　　　　　　　　　　　　　　　　少年中国地理：壮美生灵

▲ 三江源的草甸沼泽／摄影 尚昌平

　　与此同时，在河湖周边，积水没有多到可以形成河湖，但能够使土地长期保持湿润。这些地方生长着许多湿生植物，就像在湖泊里一样，植物死亡后也逐渐堆积，演变成沼泽。湖泊和沼泽成了人们前行的"拦路虎"。

　　高冷、湖泊与沼泽——这两大法宝拒绝了大部分人类的"入侵"，使得可可西里几乎没有人为改造的痕迹。但荒无人烟的可可西里却从不缺少生命的痕迹。荒野舞台之上，主角不是人类，那会是谁呢？

生命的狂欢

　　率先出现的是植物，它们是其他大多数生命得以生存的基石。

　　垫状植物是其中的先锋。这是一种高山植物，长得比较矮小，就像铺在地上的垫子一样，因此得名。其中，簇生柔子草最为典型，一旦生根发芽，就会蔓延成一个直径约 30 厘米的绿垫子。除此之外，四裂红景天、鸦跖（zhí）花、风毛菊、火绒草、兔耳草、圆穗蓼（liǎo）等也蓬勃生长。

　　这些植物每年在可可西里的生长周期只有约 100 天，它们必须在这短短的三个多月内，快速完成发芽、成长、开花、结籽的全部生命过程。每年 6 月，大地还是一片荒芜。而到了 7 月，几乎是一夜之间，无数花花草草突然从地下冒出，竞相绽放。8 月，植物的种子便已成熟脱落，在可可西里的蓝天下随风飘荡。而到了深秋，一切又会归于平静，等待生命的下一次轮回。

▼ 四裂红景天／摄影 才项南加
为多年生草本植物，多生长在海拔 2900 ～ 5100 米的山坡石缝中。

▲ 鸦跖花／摄影 才项南加
植株高 2 ～ 9 厘米，多生长在海拔 3600 ～ 5100 米的高山草甸或高山灌丛中。

垫状植物在可可西里的"生存法宝"

　　强风、低温、干旱、缺氧、高紫外线，这就是气候恶劣、环境艰苦的可可西里。然而垫状植物却能在这里顽强生长、争奇斗艳，给可可西里带来了不一样的色彩。它们是怎么做到的呢？

　　垫状植物能够适应严酷的高原环境，是因为有这样几个"独特秘诀"。首先，垫状植物的整体外形像一个半球，紧贴着地面，这种特殊的结构可以让它们抗击高原上的强风。其次，垫状植物还有着强大的根系，可以快速吸收土壤里的水分和营养。最后，垫状植物的叶子长得十分密集，有的表面还会附有长毛，就像是编织了一件厚厚的外套，可以吸湿保温。即便外部温度降到零下，植物体内温度仍然可以保持在 1℃～2℃。而且这些叶子通常厚且硬，可以有效减少水分的蒸发。植物的枝叶丛中夹杂着泥沙和土壤，还能促进枯叶的分解，变成来年的春泥，继续呵护着高原上的生命。

　　正是因为有了这些"独特秘诀"，雪灵芝、垫状点地梅、毛柱黄耆（qí）等垫状植物在可可西里的大地上悄然绽放，用点点鲜活的色彩装点了这片高寒的荒原。

高5～8厘米

▲ 雪灵芝

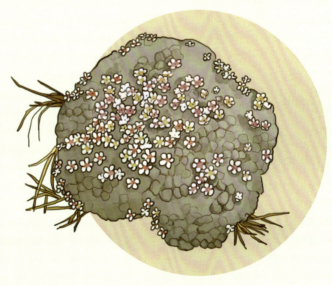

▲ 垫状点地梅

▲ 毛柱黄耆／摄影 秦晖
主要生长在海拔 4700 ~ 5000 米的地区。

    植物的繁茂为动物的出现打下了坚实的基础，而动物们的活动则让可可西里更加生机勃勃。

    身材娇小的鼠兔外形酷似兔子，身材和神态又很像鼠类，体长只有 10 多厘米。可可西里的高原草甸是这些小精灵生活的乐园。在地表裸露的地方，它们能轻松挖掘出复杂的洞穴，躲避天敌，以洞穴附近的草为食。"富足安康"的生活让它们可以大量繁衍，在这片广阔的荒野上嬉闹玩乐。

    另一种常见的穴居动物是肥胖浑圆的喜马拉雅旱獭。别看它们长得圆滚滚的，却是灵活的胖子。喜马拉雅旱獭的天敌很多，它们一不小心就有可能成为狼、棕熊、赤狐、猞（shē）猁（lì）、鹰等捕猎者的盘中餐。因而它们极为机警，通常只在洞穴周围 500 米以内的范围活动，在啃食嫩草茎叶的时候，还时不时地依靠后肢直立，眺望远方，一旦发现有危险，就立即钻入洞中。

除了穴居的啮齿目动物，这里也是许多鸟类热爱的家园。体形娇小的鸣禽角百灵，体长只有15厘米左右，头顶是两簇尖翘的黑羽。与大多数鸟类不同，它们将巢穴直接建在高原的地面上，而且几乎不做长距离飞行，平常就在草甸上蹦蹦跳跳，时而捡拾草籽，时而捕捉昆虫，十分乖巧可爱。

大型涉禽黑颈鹤是世界上唯一在高原上生长和繁殖的鹤类。它们体长1～1.2米，有着长长的黑脖子，通体覆盖着黑白相间的羽毛，头顶呈暗红色，双腿纤细修长，形态十分优雅，是可可西里最为旖旎的一道风景。它们的大长腿使它们能够在水中啄食鱼、蛙、螺、虾等。

▶ 两只娇小的鼠兔亲密相依／摄影 张强
▼ 两只喜马拉雅旱獭在"打招呼"／摄影 彭建生

什么是鸣禽、游禽、涉禽、猛禽、陆禽？

　　湖泊、湿地密布的可可西里也是鸟类的天堂，你可以听到角百灵、小云雀婉转动听的叫声，可以看到腿长脖子长的黑颈鹤在湿地中踱步，黑头鸥、斑头雁在水里自由自在地畅游……根据生活方式和栖息习性的不同，鸟类可以分为鸣禽、游禽、涉禽等不同的类群。

鸣禽

　　这类鸟天生有着一副"好嗓子"，它们的鸣叫器官非常发达，因此总会忍不住"一展歌喉"。它们还有着一双"巧手"，能为年幼的宝宝筑造出温馨的鸟巢。鸣禽的种类、数量非常庞大，不管在农村还是城市，在平原还是山地，都能找到它们的身影。可可西里的角百灵、小云雀就属于鸣禽。

▲ 角百灵／摄影 徐永春
其眼睛上方有向上翘的羽簇，
形如两个"小角"。

游禽

　　这类鸟最主要的特征是两脚的脚趾间都长有近似扇形的薄膜，叫作"蹼"。正是因为有了各种各样的蹼，它们才能在水里自由地嬉戏，时不时还会展现潜水技能，啄食水中的植物、鱼类等。可可西里的黄鸭、黑头鸥和斑头雁等就是游禽类动物。

▲ 斑头雁／摄影 秦晖
在湖泊中游荡的斑头雁，其头
顶有两道黑色的斑纹。

涉禽

涉禽和游禽一样，都喜欢有水的环境。与游禽不同的是，它们没有蹼，或者蹼很小，不适宜游泳。不过，它们却堪称鸟类中的"模特"，有着一双纤细的长腿、一个修长的脖子和一个又长又尖的喙。这一双长腿为它们进行涉水活动提供了便利，湿地沼泽往往是它们最喜欢的乐园。除了优雅的黑颈鹤外，我们熟知的丹顶鹤、火烈鸟、朱鹮等都是涉禽类。

▲ 黑颈鹤／摄影 王秉瑞

▲ 高山兀鹫／摄影 仇梦晗

猛禽

它们是性情最为凶猛的一类。大而有力的翅膀、带有"小弯钩"的嘴、锐利的爪子、炯炯有神的眼睛，这些都是猛禽最典型的特征。它们以捕食动物为主，锋利的嘴和爪子让它们可以更好地抓捕和撕咬食物。有的猛禽还会以腐肉为主要食物来源，胡兀鹫、高山兀鹫等猛禽经常食用动物的尸体，是可可西里荒原上的"清道夫"。

陆禽

陆禽是主要在陆地上生活的鸟类，它们有着强壮有力的腿脚，非常适合在陆地上行走奔跑，它们也会用弯弯的爪子来寻找食物。而短小的嘴巴便于它们啄食地上的食物。在可可西里生活的陆禽主要有藏雪鸡、西藏毛腿沙鸡等。

▲ 西藏毛腿沙鸡／摄影 刘璐

除了上面的几种禽类，鸟类动物里还有一种攀禽，它们是攀岩、爬树的健将，强健的爪子可以牢牢地抓住树皮、树枝、崖壁等物体。我们熟知的啄木鸟就是典型的攀禽类，它们的身体可以平稳地贴在树干上，用嘴在树皮下寻找虫子。

当然，高原舞台上真正的主角儿，当数体形更大、种类众多的有蹄类。

　　拥有两片醒目"白屁股"的藏原羚，堪称高原有蹄类中"最靓的仔"。它们的四肢纤细，体态轻盈，奔跑速度极快，可以在短短的几秒钟之内达到每小时80千米的速度，而且一口气能跑上几个小时。藏原羚奔跑时，它们那雪白的屁股在阳光的照射下闪闪发光，与雪山相映，十分醒目，可可西里的荒野正是它们的绝佳舞台。

▲ 雪域高原上的两只藏原羚／摄影 姜鸿

▲ 藏原羚的"心形"白屁股／摄影 毛江涛

藏野驴外形高大而健美，它们的毛发大部分呈深浅不一的红棕色，身体下方和四肢呈白色，非常易于辨认，是可可西里的"高头骏驴"。它们具有极强的好胜心，极速奔跑时，尾巴在风中飘扬，带起的尘土被远远甩在身后，天生就有一种"舍我其谁"的猖狂。它们喜欢群体生活，经常上百头结成一群，在荒原上狂奔猛跑，偶尔也会在地上撒欢打滚，真是名副其实的"驴打滚"了。

不过，要论狂野彪悍，还是要数野牦牛。它们体形庞大，后颈有一处明显的凸起，斗篷似的长毛几乎遮住了双腿，威风凛凛，是可可西里最令人生畏的动物。野牦牛身体的每个部分仿佛都是为可可西里的荒野而生的：厚实的皮毛、强大的肺活量、粗壮的四肢和一对慑人的大角，甚至连体内的血细胞也是为高原稀薄的空气而"定制"的——细胞体积小，数量多，可以携带更多的氧气。荒野之上，单独活动的野牦牛更容易发起攻击，它怒目圆睁、双角向前。当这样一只巨兽裹挟着沙石向你飞速奔来时，不要犹豫，你的唯一选择就是赶紧逃命。

▶ 怒气冲天的野牦牛／摄影 张超音

▼ 索南达杰自然保护站附近的藏野驴／摄影 赵新录

在这方高原舞台之上，最耀眼的明星非藏羚羊莫属了。

藏羚羊曾经自由自在地生活在高原上，种群十分庞大。但从 20 世纪 80 年代起，使用藏羚羊羊绒织成的围巾"沙图什"受到了西方上流社会和时尚界的追捧，价格堪比黄金，随之而来的是对藏羚羊的疯狂猎杀。到 20 世纪 90 年代末，可怜的藏羚羊几乎快要灭绝了。为保护藏羚羊，人们开始严厉打击盗猎行为，经过多年努力，笼罩在藏羚羊头顶的阴云才逐渐散去。

如今，这群雪域精灵也恢复了自由的荒野生活。雄性藏羚羊时常为了"爱情"发生激烈打斗。而收获"爱情结晶"的雌性藏羚羊们，则成群结队穿越山谷，穿过铁路线，开始一场壮观的大迁徙，赶到食物充足、天敌较少的卓乃湖。每年的六七月份，在卓乃湖南岸的草原上，会聚集几万头雌性藏羚羊，有的已产下活蹦乱跳的小羊羔，有的正在期盼新生命的降临。空气中充满热闹而柔和的"咩咩"声。

▶ （左）决斗中的藏羚羊／摄影 张强
▶ （右）藏羚羊母子／摄影 秦晖

▲ 卓乃湖畔的藏羚羊群，远处为布喀达坂峰／摄影 秦晖

小藏羚羊出生后不久，就会跟随母亲返回之前的栖息地，长途迁徙的过程中危机重重，时刻考验着藏羚羊母子，即便是在哺乳时，母亲也不能放松警惕。当母藏羚羊带着小羊成功返回冬季的栖息地之后，一个新的轮回又将开始。

你所不知道的高原精灵：藏羚羊

藏羚羊可以说是高原生灵界的明星，2008年北京奥运会的吉祥物"福娃迎迎"，正是以藏羚羊作为原型设计的。其实，这位"高原大明星"除了每年都会有一场壮观的大迁徙之外，在它们身上还有很多你不知道的事呢！

为什么藏羚羊可以适应高原生活？

面对高原地区低温缺氧恶劣的生存环境，每一只高原生灵都有自己的应对策略，藏羚羊也不例外，它们适应高原生活主要有以下几个方面的因素：

鼻腔阔大：藏羚羊的鼻腔较为阔大，呈半圆的形状，为吸入的冷空气进行预热提供了充足的空间。藏羚羊的鼻孔是垂直向下的，可以避免高原刺骨的寒风直接吹入鼻腔当中。

血液中红细胞含量高：在高原低氧的环境下，人走路或者跳跃都很困难，但藏羚羊却可以肆意地奔跑。正是因为藏羚羊血液中的红细胞以及血红蛋白含量都比低海拔的动物高，运输氧气的能力强，使得藏羚羊可以进行剧烈运动。

皮毛厚实，换毛时间长：藏羚羊和其他生活在高原地区的动物一样，有着厚实保暖的绒毛。每年5月，藏羚羊开始慢慢褪去旧毛，到9月初又会换上新毛，这些毛发在温度较高时可以帮助其隔热，温度较低时又能够挡风防寒。

遗传性因素：藏羚羊等高原动物在漫长的演化过程中，群体的基因已经在适应低温、缺氧环境的过程中发生了改变，对下一代藏羚羊而言，它们自出生起，可能会有一套更为完善的应对恶劣环境的基因"储备"。

🔖 怎么判断藏羚羊的性别呢?

　　雄性藏羚羊和雌性藏羚羊有着很明显的区别。一般来说,成年雄性藏羚羊拥有一对从头顶几乎垂直向上的尖角,角的长度可以达到 60 ～ 70 厘米,细长似鞭,而且乌黑发亮。同时,到了 10 月下旬交配之前,雄性藏羚羊会换上一身醒目的皮毛,脸部、四肢都会变成黝黑色。而雌性的藏羚羊则通体黄褐色,头顶上没有角。其实"白屁股"藏原羚也一样,雄性的藏原羚有一对细小的黑角,雌性则没有。

🔖 雌雄藏羚羊每年只会在冬季见面吗?

　　在藏羚羊社会里,雌性藏羚羊和雄性藏羚羊并不总是相伴相随的。除了为时 2 个月的冬季交配时期,基本上雄性藏羚羊和雌性藏羚羊分开活动,互不干扰,所以在藏羚羊集聚的群落里,一般只能看见它们同性相聚。

　　在藏羚羊的集群中,一般可以分为雌性藏羚羊群和雄性藏羚羊群。每年,到了冬季交配季节,原本分居的雌性藏羚羊群和雄性藏羚羊群就会聚集在一起,为了繁殖,组成"临时家庭",这就出现了混合群。繁殖期结束,雄性藏羚羊和雌性藏羚羊又会重新分开活动。幼羚一般会跟随母亲生活,而其中大多数雄性幼羚到了 10 ～ 11 个月大时,就会离开藏羚羊妈妈,加入同龄的同性藏羚羊群中,形成新的雌性藏羚羊群和雄性藏羚羊群。

▲ 藏羚羊／摄影 吴刚

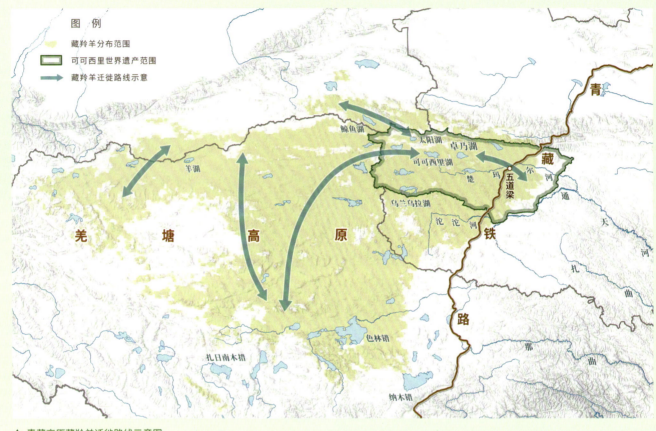

▲ 青藏高原藏羚羊迁徙路线示意图

藏羚羊的大迁徙之谜

　　每年的藏羚羊大迁徙，雌性藏羚羊都迁徙到固定的区域产崽。可能你会很好奇，为什么每年藏羚羊都会按照固定路线、固定时间、固定地点迁徙呢？目前，科学家们关于藏羚羊的迁徙有着不同的猜测，但还没有一个公认的结论。

　　有的学者提出食物假说，认为藏羚羊中意的产崽区域内的食物富含对幼崽生长及母羊产奶有益的微量元素，或者这些区域内的水质更优，可以增加幼崽的存活率。而有的学者则认为雌性藏羚羊迁徙，可以躲避天敌、会传播疾病的昆虫，还有人类的滋扰。还有的学者则提出了降水假说，他们认为产崽地的降雪量和降雪频率比冬季栖息地更少，一定程度上可以躲避暴雪带来的危害，让自己的幼崽更好地存活。

藏羚羊过铁路，火车需要停下来吗？

　　每年的六七月，雌性藏羚羊浩浩荡荡的大迁徙，是关于藏羚羊物种延续的"生命奇观"。为了连接西藏与内地，拉动西藏经济发展，国家决定修建从西宁到拉萨的青藏铁路，这是关乎边疆繁荣稳定的"天路"。由于高原地形条件限制，铁路只有穿过藏羚羊等野生动物活动区域，才能到达拉萨。然而，火车对野生动物来说是可怕的"巨兽"，会影响它们的迁徙和繁衍。为了解决这一难题，专家们提出在青藏铁路中修建"野生动物通道"，为生命让道。

　　专家们按不同野生动物的分布范围，在青藏铁路上设置了 33 处野生动物通道。根据不同野生动物的生活习性，又设计了 3 种不同形式的通道。如果要经过河谷、河流，就架起高高的桥梁，把桥下方的通道留给喜欢在河滩周围活动的藏羚羊们。如果有穿山隧道，就会在隧道口架起防护网，引导动物们走护栏外的通道，避免坠入隧道。另外，有一些动物喜欢先在高处观察后再通过，修建铁路时就会降低路基两侧的坡度，并且为动物们搭建一个"过街天桥"，火车从下方的涵洞通过。

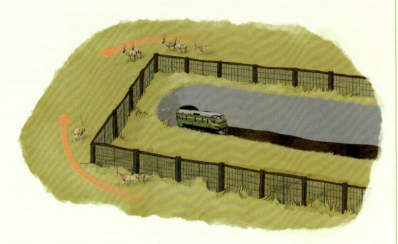

　　现在，藏羚羊们已经熟悉了这个原本陌生的"新事物"，迁徙季节都能够在桥下放心通过。火车也完全不需要停下来等待，而是"你走你的阳关道，我走我的独木桥"，和藏羚羊互不干扰。有了这 33 处"生命通道"，铁路对藏羚羊们迁徙活动的影响降到了最低，高原精灵们可以在原本的家园里继续繁衍新的生命。

▲ 青藏铁路"野生动物通道"示意图

▲ 正在捕猎藏野驴的狼／摄影 奚志农｜野性中国

　　如此众多的大型食草动物聚集在可可西里，那它们的生活是无忧无虑的吗？答案是否定的，它们要随时提防着埋伏在四周的捕食者们，包括狼、狐、熊等。

　　首先是可可西里最常见的猎手——狼。它们行动迅捷、感官灵敏，并且通常以群体为单位行动。狼群通常由头狼带领在高原上游荡，见到藏羚羊、藏野驴等动物，便四下埋伏，然后群起而攻之，有的负责从后方追赶，有的则从侧面出击。即便是年轻力壮的藏野驴，遇到狼群也要小心谨慎，否则极有可能葬身狼腹。

其次是几位"轻量级选手"——藏狐、猞猁、兔狲。

藏狐属于犬科，与狼的亲缘关系较为接近，但它们体形较小，且通常单独行动，因此无法像狼群那样袭击藏野驴。它们的猎物，通常是旱獭、鼠兔等小型动物。不过，这些小动物十分机敏，又有洞穴防身，想要捉到，也不是那么容易的。有时候幼年藏狐遇到成年旱獭，反倒会被旱獭赶跑。好在草原上鼠兔和旱獭的数量极多，藏狐基本不愁没有猎物。

◀ 旱獭与藏狐／摄影 谢建国｜自然影像中国
有时候猎物也会奋起抵抗，把捕食者赶跑。这只藏狐进入了一只和它体形相差无几的旱獭的领地，最终被赶走。

▼ 旱獭与藏狐／摄影 鲍永清
旱獭在青藏高原上分布广、数量多，是藏狐的主要食物之一，这只藏狐似乎已经迫不及待，要将眼前的猎物一口吞下。

猞猁和兔狲则属于猫科动物，它们同样以旱獭、鼠兔为食。猞猁的体形似家猫，却远大于家猫，两个耳朵上各有一撮黑色的耳簇毛。它们喜好暗中伏击，有时甚至会尝试捕捉藏羚羊幼崽，但它们不敢招惹成年的个体。兔狲的大小和家猫相似，浑身覆满了绒毛，能够在高原上防寒保暖，尤其是腹部的毛发，有利于其长时间伏卧在冻土地或雪地上。

除了兔狲、猞猁等"地面部队"，头顶上一支"空中部队"也虎视眈眈，那是猎隼（sǔn）、大鵟（kuáng）、草原雕等大型猛禽。它们的视力极好，仿佛自带望远镜，虽然在高空盘旋，地面上的一丁点动静都尽收眼底。除了自己捕捉猎物，它们还会抢夺其他猎手的战利品。而被抢夺的通常是藏狐、兔狲、猞猁一类的动物，在体形与它们不相上下甚至比它们更大的空中霸王们面前，它们也是束手无策，只能嚎叫几声以示愤怒。

▼ 猞猁／摄影 布琼　　　　　　　　　　　　　　　　　▶ 草原雕抢走了兔狲刚捕获的鼠兔／摄影 谢建国｜自然影像中国

▶ 胡兀鹫抓藏羚羊幼崽／摄影 秦晖

少年中国地理：壮美生灵

接着，轮到一个"重量级选手"——棕熊出场了。笨重的棕熊总是披着它那厚重的皮毛缓慢前行，它们总是独来独往，不像狼群一样有团队的协作。它们的身手也远不如猫科、犬科动物那么敏捷，只要稍不注意，快到口中的猎物就会被别的动物抢走。但幸好它们不挑食，植物、动物、腐肉对它们来说都是盘中美食。

　　最后出场的，是一位"大个头"——胡兀鹫，它们因长在嘴下的黑色"胡须"而得名，那瞪得硕大的眼睛看着令人生畏。虽然它们的体形庞大，却与一般的猛禽不同，它们很少捕猎活的猎物，更加偏爱寻找动物尸体，然后一拥而上，将其收拾得一点渣都不剩。

▲ 棕熊与野牦牛残尸／摄影 秦晖

可可西里生物的"关系网"

在荒原可可西里，弱肉强食是自然界的法则。大家都听过"大鱼吃小鱼，小鱼吃虾米"，在可可西里也存在类似的链条，我们称其为"食物链"。在一条食物链当中，不同的生物扮演着不同的角色：生产者、消费者和分解者。

生产者

它们是食物链的最初一环，一般是绿色植物，比如可可西里的垫状植物等。这些植物通过光合作用，将太阳的能量固定在体内，相当于为动物们生产出了最初的能量。

消费者

有"生产"就有"消费"，消费者一般通过生产者或者低级的消费者来获取自身的能量，比如以植物为食的旱獭。不过，它们还只是"初级消费者"。就在它们吃草的时候，赤狐、大鵟等食肉动物，已经翘首以待，准备上去捕捉旱獭等动物，以获取能量。这些以初级消费者为食的动物被称为"次级消费者"。

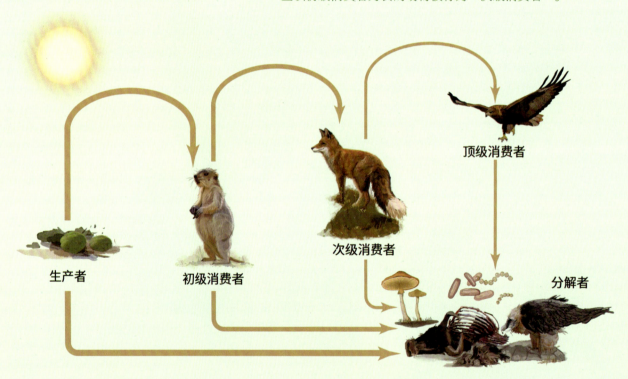

生产者　　初级消费者　　次级消费者　　顶级消费者　　分解者

分解者

它们对动物或者植物的残骸有"分解能力"，能够把残骸分解成一些简单的物质，比如水、二氧化碳等。真菌、细菌等微生物及秃鹫等腐食性鸟类都被统称为分解者，而分解出来的物质又可以作为植物进行光合作用的原料。

可见，垫状植物、旱獭、赤狐、大鵟、秃鹫在吃与被吃之间，就形成了一条食物链。而在可可西里，各种生物组成的并不只是一条简单的食物链。旱獭并不只是赤狐、大鵟们的猎物，狼、藏狐、兀鹫等也对它们垂涎三尺。有些动物的食物种类则更加广泛，属于"荤素搭配"的杂食者，例如角百灵，就既捡拾草籽，也捕捉昆虫。因此，在可可西里会形成很多条食物链，食物链和食物链之间相互交错，编织出一张"网"——食物网。

在垫状植物—旱獭—赤狐这条食物链当中，我们看到了生物间吃与被吃的关系。这样一种生物以另一种生物为主要食物来源的，两种生物之间的关系叫作捕食关系。藏狐捕食旱獭，狼追捕藏野驴，同样也是捕食关系的体现。

在一个完整的生态系统中，生物之间的关系错综复杂。除了吃与被吃的捕食关系外，当两种动物争夺食物或生存空间时，就构成种间竞争关系。例如，鼠兔是藏狐和棕熊共同的捕猎目标，当藏狐和棕熊"看上"同一只鼠兔时，藏狐可能会偷偷跟随在棕熊身后，偷走它辛苦获得的食物。抑或是盘旋在高空的草原雕，有时会抢走兔狲、赤狐的猎物。这些都是种间竞争关系的实例。

▲（上）藏狐捕食旱獭
▲（下）狼群捕杀藏野驴

除此之外，还有一种生物寄生在另一种生物的体内或体表的寄生关系，以及不同生物通过长期的"配合"，双方能从中获得益处，彼此不能离开对方而独立生存的共生关系等。就这样，生命与生命之间，相互关联、相互影响，共同演绎着可可西里生命的繁荣。

棕熊

藏狐

旱獭

▲ 生命繁荣的可可西里

绘图参考 @ 鲍永清、布琼、刘璐、奚志农、谢建国、吴玮、邹滔的摄影作品

大鵟

藏羚羊

胡兀鹫

藏野驴

狼

藏野驴

旱獭

角百灵

可可西里那些有意思的"角儿"！

"行走的表情包"：藏狐

　　在我们的认知中，狐狸有着尖小的脸庞、竖立的大耳朵、纤瘦的身形，搭上一条毛茸茸的尾巴，像是一位"小美人"。而生活在西藏的藏狐，可能会颠覆了你对狐狸的印象。它有着大大的方脸、小小的眼睛，看似一脸严肃的样子，又有着"迷之微笑"。这样独具特色的外表，仿佛就是一个"行走的表情包"。

　　藏狐属狐的一种，主要生活在高海拔的青藏高原地区。相对于其他狐，它们有着较为短小的四肢、耳朵，厚实的皮毛使它们能够更好地适应寒冷干燥的高原生活。胖嘟嘟的鼠兔则是它们的主要食物来源，所以它们的分布和鼠兔有着密切的关系。它们有点小聪明，会偷偷跟随着棕熊，趁机捕获被棕熊惊吓到的猎物。

　　藏狐有时候还会抢占旱獭的洞穴。但是，如果藏狐不幸遇上旱獭大家族，可能会上演反转剧情，遭受旱獭们的全力攻击，此时藏狐也只能落荒而逃了。

▼ 藏狐／摄影 赵耀

圆滚滚的"肥猫"：兔狲

当你还没有见过兔狲的真实面貌时，听它的名字，你觉得它会长成什么样子呢？会像是一只兔子吗？还是像一只小猕猴？其实，兔狲既不是兔，也不是猴，它属于猫科动物，外形和家猫有些相似。而"圆"可以说是对兔狲外形的最佳形容，因为，当它蜷缩起来时，就像是一个胖嘟嘟的大圆球。

兔狲既可以生活在高海拔的高山草原上，又可以生活在丛林之中，在甘肃、西藏、青海、河北及四川西部等地都有它们的足迹。它们圆圆的脸庞、粗短的小腿、短而宽的耳朵、又粗又长的尾巴，再加上蓬松的黑灰色毛发，显得十分"肥胖"。

虽然兔狲的身形看起来笨重，但行动却十分敏捷。黄昏和夜晚是兔狲的饭点，鼠兔、鸟类都是它们的食物。兔狲在外寻找猎物时，利用其敏锐的听觉和视觉，可以随时查探周围的情况，一旦发现危险，它们就会迅速逃窜或者隐蔽在附近的洞穴里。兔狲通常以岩石的裂缝或者石块下的洞穴为家。

▼ 兔狲／摄影 秦晖

生活在高原上的棕熊

　　棕熊是陆地上的大型哺乳类动物之一，它们大多生活在北半球，亚洲、欧洲、北美洲都是它们的生活园地。棕熊的毛发不只有棕色，还有黑棕色、棕红色等。成年雄性棕熊的身高最高可以达到 2 米，体重最重可达 200 公斤以上，足足是 3 个成年男性的重量，雪豹站在它们旁边也只是一只小小的"宠物"。棕熊可谓是名副其实的"庞然大物"。

　　棕熊分布广泛。由于生活区域的差异，棕熊分化出了不同的种类。在中国可以看到 4 种棕熊，主要有分布在东北三省和内蒙古的东北棕熊，新疆北部阿尔泰山的西伯利亚棕熊，新疆南部、西藏西部等地的喜马拉雅棕熊，以及西藏、青海、甘肃西部等地的西藏棕熊。

　　西藏棕熊是我国特有的棕熊种类，是国家二级保护野生动物。青藏高原是它们的生活家园，身上厚重的皮毛让它们无惧高海拔地区的寒冷。低海拔地区的棕熊以植物果实为主要食物，但是这些生活在高海拔地区的大块头则以肉食和腐食为主，鼠兔、旱獭、藏羚羊都是它们的主要食物。它们的肩部长有一个"驼峰"，这是它们上半身强劲力量的重要来源，加上乳白色的锋利爪子，可以让它们尽情撕咬抓捕来的猎物。

　　棕熊和生活在北方的其他熊类一样，有着漫长的冬眠期。尤其是生活在高寒的青藏高原的棕熊，它们只有在短暂的食物繁盛期补充能量，积累足够的脂肪，才能抵御青藏高原极端的天气。

▼ 西藏棕熊／摄影 星智

高原神鸟：黑颈鹤

黑颈鹤是中国特有的鹤类动物，它们主要生活在海拔 2000 ～ 5000 米的区域，是世界唯一生长、繁衍在高原的鹤类，因此也有着"高原鹤"之称。西藏、四川、云南、贵州都是它们的园地。在黑颈鹤还没有被外人所认识的时候，它们早已和藏族人民建立了亲密关系，在唐卡中就有黑颈鹤的形象。黑颈鹤是藏族人民心中的"神鸟"，是吉祥如意的象征。

"高原神鸟"因为有着纤细的黑脖子，因此被称为"黑颈鹤"。除了颈部以外，它们还有着黑色的"裙摆"和"长筒靴"，头顶则戴着红色的"小帽子"。不过幼年的黑颈鹤都呈灰褐色，等到长大成年，才有这般美丽的"衣裳"。

黑颈鹤对爱情十分忠贞，它们实行的是一夫一妻制，每当两只黑颈鹤结成了配偶，就会长相厮守，终身不变。对自己的鹤宝宝，它们也是关怀备至，鹤爸爸和鹤妈妈实行轮班制孵化。但是它们又不会"娇生惯养"，孵出来没多久的小鹤就要跟着父母一起出去觅食。

黑颈鹤是一种候鸟，每年的 9 月开始，高原上天气逐渐变冷，黑颈鹤便会成群地从西藏、青海等繁殖地出发，飞往云南、贵州等更温暖的地方过冬。它们在越冬地养精蓄锐，直到第二年的 3 月，春天来临，大地回暖，再返回繁殖地，开始新一轮的生活。

▼ 黑颈鹤／摄影 仇梦晗

尾声 第 *4* 幕

▶ 藏羚羊／摄影 奚志农｜野性中国

青藏高原上，一簇簇绿色的植被连成一体，竟成就了一片丰美的草原。青草与湛蓝的湖水相接之处，成群的藏羚羊、藏野驴悠然吃草，幼崽紧跟在母亲身边，亦步亦趋。草丛中，娇小的鼠兔、长相憨厚的旱獭，不时探头探脑。在远处的山坡、头顶的天空中，捕食者各就各位，蓄势待发。而透过这一切向远处望去，亘古至今的荒山正承载着万年冰雪，静静地矗立在地表。

　　这就是可可西里，中国最伟大的荒野！高原、冰雪、湖沼阻挡了人类的脚步，荒野里的生灵成为这里的主人。作为后来者的我们，应尽量不去打扰，让这场生命的狂欢延续下去！

3

高黎贡山

既繁荣，又脆弱

中国的西南偏西
有一条南北走向的狭长山脉
论高度、长度
它都不出众

但这条山脉
却从名山中脱颖而出

在巨大的高差间
孕育出万千世界
它如明星般闪耀
许多独特物种乐在其中
它海纳百川
是一处生灵繁盛的热点地区

它的名字叫作
高黎贡

或许在你的心中可可西里已经是"荒野"的代名词，那里常年低温，目之所及，只有连绵的雪峰和无尽的沼泽，高大威猛的野牦牛在苍茫的天地间也显得如蝼蚁般渺小。然而，实际上的荒野可能比你想象的更加热闹。那里也可以气候温暖，草木青葱，百花争艳，因较少被人类所干扰而成为野生动植物的生命乐园，处处生机勃发。

　　而像这样物种丰富的"荒野之地"，如今在地球上的面积已经日渐缩减。其中还有部分地区，它们同样物种繁荣，但却面临着前所未有的重大威胁，这些地区被称为"生物多样性热点地区"。

　　中国重要的生物多样性热点地区之一，便是西南地区的崇山峻岭，而高黎贡山就是其重要组成部分。那是少有人类涉足的秘境，到处都是遮天蔽日的森林，杂草丛生，荒蛮之气仍未褪去。由于地形崎岖、草木茂盛，人类在这里几乎寸步难行。但如果你有幸进入其中，就会看到另一番欣欣向荣的景象。在这片仅占据中国陆地面积 0.02% 的土地上，却集中了全国 17% 的高等植物和 20% 的哺乳动物，同时还有 28 种两栖动物，48 种爬行动物，300 ~ 500 种鸟类，1600 多种昆虫，等等。

　　如此繁多的生命为何聚集在这样一条山脉中？在这背后又会有着怎样的生命"危机"呢？让我们从它的诞生说起。

▼ 高黎贡山／摄影 李兴富

什么是"生物多样性热点地区"？

在地球上，除了人类以外，还有各种各样的生命也在这里繁衍生息。生物多样性代表着一个区域内所生存的不同生物种类的丰富程度。然而，农耕、修路、建房等人类活动，以及人类排放的污染物，都对野生动植物的生命和家园造成了严重威胁。

目前，国际上评估某个区域是否属于生物多样性热点地区有两个标准：一是这个地区必须有大量本地物种的生物，具体来说，需要有至少 1500 种特有的维管束植物（即蕨类植物、裸子植物和被子植物）；二是 70% 以上的原始植被已经遭到破坏，生态环境面临着严重的威胁。

现今，全球生物多样性热点地区共有 36 个，它们仅占全球 2.5% 的陆地面积，却有着一半以上的本地物种。除了中国西南山地以外，欧洲的地中海沿岸、非洲的东非沿岸森林、亚太地区的巽他古陆、南美洲的大西洋沿岸森林，以及新西兰、日本等都属于全球生物多样性热点地区。

▼ 全球生物多样性热点地区示意图　　　　　　　　　　　　生物多样性热点地区　　　外缘边界

高黎贡山

西南偏西

高黎贡山的诞生，要追溯到 6500 万年前印度洋板块与亚欧板块的大碰撞。这场碰撞，让青藏高原隆起，成为"世界屋脊"。而在青藏高原东边，碰撞的力量又让大地发生褶皱，创造出了一片广阔的山区——横断山脉，从高空看去，仿佛大地的皱纹。横断山脉一共由 7 列山脉组成，其中最西侧的就是高黎贡山。"高黎"是曾经在这里居住的一个景颇族家族的名称，而"贡"是景颇语中"山"的意思，因此"高黎贡"也就是"高黎家族的山"的意思。

高黎贡山呈南北走向，绵延 600 多千米，仿佛一个巨大的"阶梯"，由北向南逐级下降。北段的海拔可达 3500 ～ 4000 米，其中最高的嘎娃嘎普峰海拔 5128 米，山顶覆盖着积雪和冰川，洁白肃穆。到了中段，已经很难见到积雪，取而代之的是漫山的绿意，山峰的形状也没有那么尖削。继续向南，南段的高黎贡山平均海拔只有 2000 多米，山的形态更加缓和。

高黎贡山不仅像一个"阶梯"，也像一面"大屏风"。高黎贡山位于中国西南山地的最西侧，从印度洋吹向内陆的西南季风，被高黎贡山拦住去路，大量水汽在迎风坡积云成雨。

▼ 高黎贡山的位置及水汽来源示意图

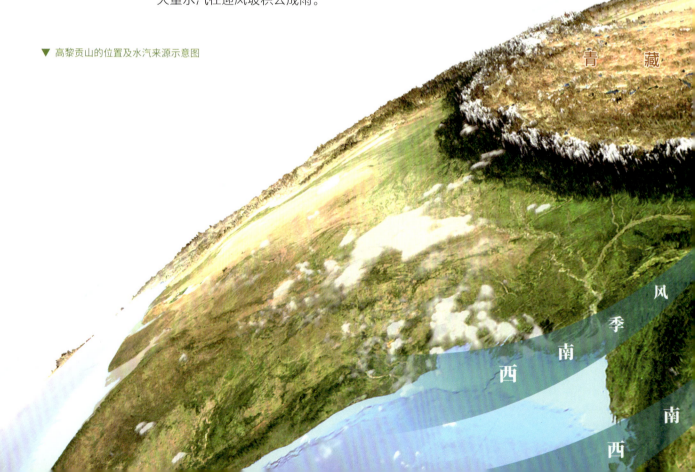

青 藏

西 南 季 风

▶ 高黎贡山位置图

西藏

印度

缅甸

四川

高黎贡山

云南

横断山

横断山

高黎贡山

四川盆地

云贵高原

西南季风

湿润的气候环境孕育了大量的植物，形成了密不透风的森林，山风吹过，仿佛一片绿色的汪洋大海。

雨水还汇聚成了山间的溪流，在山林间穿行流淌。由于高黎贡山地形崎岖，山间溪流时常遇到断崖残壁，跌落形成瀑布。溪流奔流时，也在冲刷着岩石，让高黎贡山的地形变得更加陡峭。

由于地形陡峭，地表破碎，水较难在地表积聚。因此这里没有很大的湖泊，只有一些珍珠般的小湖泊点缀在山林间。比如一个名字很怪的湖——听命湖，湖水倒映着西南澄澈的天空，显得湛蓝无比。

▼ 听命湖／摄影 王斌

　　　　　　　　　　　　　　　　　　　　　　　　少年中国地理：壮美生灵

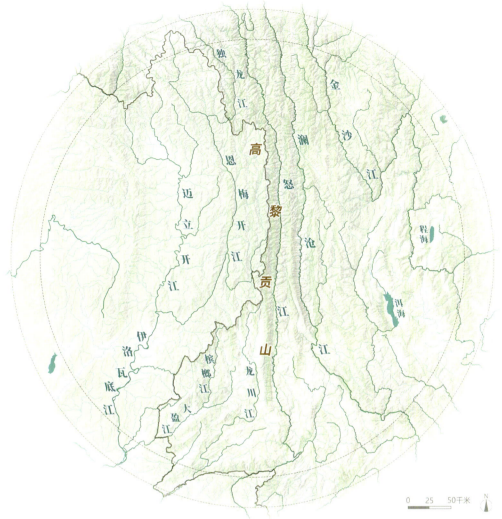

▲ 高黎贡山水系分布示意图

　　山间溪流并没有停下奔流的脚步，它们继续向山脚下流淌，最终汇入了两条大江——东侧的怒江和西侧的伊洛瓦底江。两条大江加上山间的众多小河流，从空中看去就像纵横交错的树根一般，盘踞在高黎贡山的两侧。

　　由于高黎贡山溪流纵横、地表破碎、谷深坡陡，所以很难被开垦成农田，自古以来较少受到农耕的侵扰。同时，这也使得当地的交通十分不便，少有人类进入，因此，原始森林得以较好保存。

　　就是这样，人类难以涉足的地方成了野生动植物的乐园。这些数量极多、种类极为丰富的生灵，即使来自不同环境，拥有不同形态和习性，也都能在这里寻得一处"安居之所"。狭长的高黎贡山到底拥有着怎样的"特殊技能"，以至于这里可以容纳如此众多的动植物，成就一片生命的繁荣之地呢？

一山四季

第 2 幕

一般来说，湿热的环境有利于生物的繁衍、分化，所以如亚马孙平原等热带雨林地区的生物多样性就十分丰富。高黎贡山大部分处于比较湿热的环境，这是生命繁盛的基础。

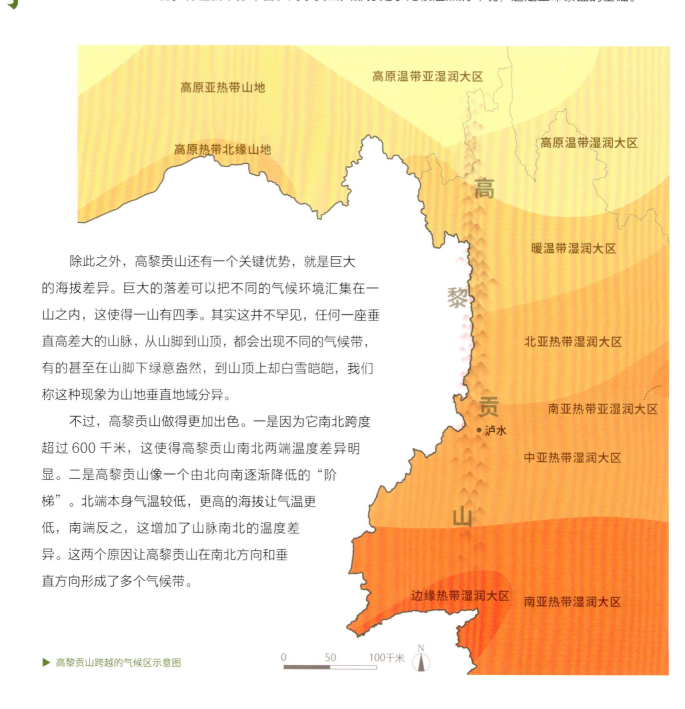

除此之外，高黎贡山还有一个关键优势，就是巨大的海拔差异。巨大的落差可以把不同的气候环境汇集在一山之内，这使得一山有四季。其实这并不罕见，任何一座垂直高差大的山脉，从山脚到山顶，都会出现不同的气候带，有的甚至在山脚下绿意盎然，到山顶上却白雪皑皑，我们称这种现象为山地垂直地域分异。

不过，高黎贡山做得更加出色。一是因为它南北跨度超过 600 千米，这使得高黎贡山南北两端温度差异明显。二是高黎贡山像一个由北向南逐渐降低的"阶梯"。北端本身气温较低，更高的海拔让气温更低，南端反之，这增加了山脉南北的温度差异。这两个原因让高黎贡山在南北方向和垂直方向形成了多个气候带。

▶ 高黎贡山跨越的气候区示意图

地图内文字：
高原亚热带山地
高原温带亚湿润大区
高原热带北缘山地
高原温带湿润大区
暖温带湿润大区
北亚热带湿润大区
南亚热带亚湿润大区
泸水
中亚热带湿润大区
边缘热带湿润大区
南亚热带湿润大区
高 黎 贡 山

0   50   100千米
N

▲ 怒江第一湾／摄影 邓飞

　　高黎贡山东坡是深切至海拔 1100 米以下的怒江谷地，又因高山挡住了水汽的进入，这里常年干燥，即使是在雨季，降水也不算充沛，被称为"干热河谷"。这里的植被主要是由黄茅、孔颖草及沙针等组成的低矮耐旱的灌木和草丛。木棉则是这里为数不多的比较高大的乔木。灌木、草丛和稀疏的乔木共同组成了稀树灌木草丛。在这里，天性机敏的大灵猫穿梭于草丛间，它们分泌出独特的"灵猫香"击退敌人；嘴巴尖尖的中缅树鼩利用气味划定自己的领土范围；除此之外还有刺毛鼠、大臭鼩等热带或南亚热带的兽类，鹧（zhè）鸪（gū）、鹦鹉等鸟类共同相伴于这片谷地之上。

沿着山坡往上，气候变得不那么酷热干燥，高大的乔木逐渐变多，动物们也喧闹起来。海拔 1100～2800 米的中部山区，夏无酷暑、冬无严寒。这一垂直带集中了高黎贡山大部分的代表性植物：香叶树、刺栲、高山栲、贡山栎、青冈、虎皮楠等树种在这里都有着自己的一方土地。这些植被组成了常绿阔叶林。云南松林等针叶林也占据一隅山地。

这些植被为野生动物提供了舒适的栖居场所。高黎贡山 90% 以上的森林兽类都生活在这一区域，蜂猴、熊猴、灰叶猴、长臂猿等灵长类在树冠上、枝叶间攀爬、跳跃；松鼠、鼯鼠等啮齿目则在树上架起了各自的"空中家园"；森林地面上，贡山麂（jǐ）、赤麂等有蹄类在丛林中踱步；地栖的小型啮齿目四处觅食；以它们为主要食物的食肉类，如豹猫、灵猫等，也正虎视眈眈地等待着抓上一只猎物，充当自己美味的一餐；还有锦鸡、啄木鸟等鸟类也喜欢在这里生活。

▲ 高山温带气候中的云南铁杉林／摄影 杨剑

◀ 缤纷的五彩林中，溪流飞流直下／摄影 王斌

　　海拔 2800 ～ 3200 米处，气候温凉，属高山温带气候。植被为竹林、云南铁杉林和山顶苔藓矮林。高可达 28 米的大树杜鹃，花大而美丽，在温凉的中山地带摇曳；云南红豆杉身躯挺拔，仿佛撑起森林的立柱。森林地面上，是厚厚的苔藓层，甚至岩石、树干、枝条上也常覆盖一层厚厚的苔藓和地衣。高山动物是这里的主要"居民"，比如喜欢独居生活的麝（shè）、挖洞技术一流的鼠兔、有着又圆又大的双耳的绒鼠等。还有国家一级保护动物——羚牛，高黎贡羚牛身体呈棕黑色，是这里特有的亚种。另外，一种身穿华丽"羽服"的鸟类——白尾梢虹雉（zhì）也生活在这一区域。

　　海拔 3200 米以上的高寒山区，冬季冰雪覆盖，寒气逼人。这里植被稀少，多为灌丛和草甸，环境严酷，除了少数耐寒的高山种类，如羚牛、绒鼠、鼠兔等在此生活外，很少有其他兽类在此区域栖居和活动。

　　不同的海拔高度，让适应了不同气候的动植物可以各得其所，寻得一番生存繁衍的天地。

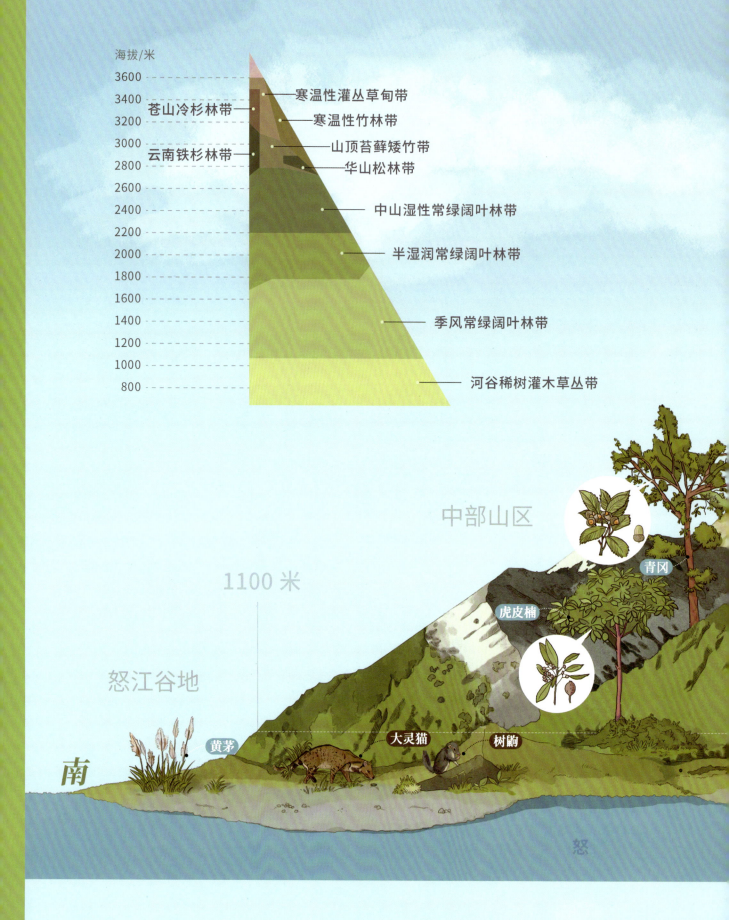

海拔/米

3600
3400 ——————— 寒温性灌丛草甸带
苍山冷杉林带 —— 3400
3200 ——————— 寒温性竹林带
3000 ——————— 山顶苔藓矮竹带
云南铁杉林带 —— 2800 ——————— 华山松林带
2600
2400 ——————— 中山湿性常绿阔叶林带
2200
2000 ——————— 半湿润常绿阔叶林带
1800
1600
1400 ——————— 季风常绿阔叶林带
1200
1000
800 ——————— 河谷稀树灌木草丛带

中部山区

青冈

虎皮楠

1100 米

怒江谷地

黄茅　　大灵猫　　树鼩

南

怒

高黎贡山垂直自然带 示意图

3800 米

3200 米

00 米

高寒山区

高山
地带

大树杜鹃

白尾梢虹雉

鼠兔

羚牛

铁杉

红豆杉

贡山栎

刺栲

香叶

红腹锦鸡

鹧鸪

北

江

绘图参考@莫明忠、孙华金、王斌的摄影作品

第3幕 古老方舟

千万种生灵繁衍的高黎贡山有着许多"老前辈"，它们在高黎贡山的保驾护航下，生命的点点星光一直延续至今。

在漫长的地球历史中，曾经发生过多次全球的变冷、变暖现象。变冷的时期被称为冰期，而冰期之间相对温暖的时期，被称为间冰期。冰期和间冰期反复交替，转变了许多次。这种冷热交替，对地球上的动植物而言是一个严峻的考验。适应了温暖气候的动植物，一旦气候变冷，很可能会因为支撑不住而被冻死。如果这些动植物没有办法重新适应环境的变化，最终就会走向灭绝。反过来也是如此，适应冷凉气候的动植物，在逐渐炎热的气候中也面临着危机。

但在高黎贡山，有些动植物即使经历许多次磨难，仍可以在残酷的环境下顽强生存。这些至今仍然生活在地球上的古老生命，叫作孑（jié）遗物种。为什么这些物种可以在高黎贡山历经千万年，依然顽强不息呢？这是因为高黎贡山多样的气候环境发挥了作用。

当气候变暖时，那些适应冷凉气候的生物可以沿着高黎贡山向北迁徙到纬度较高的地区，或者向上爬到高黎贡山海拔较高、温度较低的地方。相反，当气候变冷时，那些适应了温暖气候的生物又可以向南、向海拔低处迁徙，追寻一个更加温暖的地方。不管气候怎么变化，它们都可以通过南北或上下迁徙避开不适的气候环境。

▼ 生物避难迁徙示意图

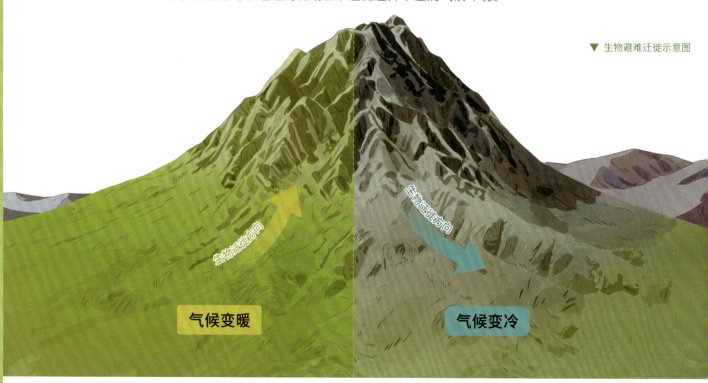

气候变暖　　　气候变冷

就这样，在一上一下、一南一北之间，这些生物度过了一段段艰苦的岁月。而高黎贡山就仿佛是一艘"诺亚方舟"，保护着这一方生灵。

　　被誉为"绿色寿星"的秃杉（台湾杉属）就是生活在高黎贡山的子遗物种。早在约 6500 万年前，秃杉曾广泛分布在欧洲和东亚，而第四纪冰期过后，仅残存在中国云南、贵州、湖北等地。如今，秃杉野生个体数量稀少，是国家一级保护野生植物。高大笔直的秃杉，凭借高达 70 多米的树干，撑起伞盖一般的枝叶，直立在高黎贡山海拔 1700 ～ 2800 米处森林上方的天空。

　　有"中国鸽子树"之称的珙（gǒng）桐，也是在地球上延续了千万年的子遗植物。花瓣状的白色苞片舒展、随风飘动时，好似飞舞的白鸽。除此之外，银杏、桫（suō）椤（luó）等古老的植物，也在这艘"诺亚方舟"的庇护下，逃脱了一场又一场灾难，生存至今。

▶ "绿色寿星"秃杉／摄影 柯炫晖 合成 王亚灵｜野性中国
这棵秃杉位于高黎贡山的北段，高 72 米，相当于 24 层的居民楼。这棵巨树的"全身照"来源于中华环境保护基金会和多特瑞（上海）商贸有限公司支持的"巨树计划"项目，由 42 张图片拼接而成，在这样的巨树面前，图中的几个人也显得格外渺小。

高黎贡山不只是一艘"诺亚方舟"，还是一个"十字路口"。它地处西南边境，北边连接着青藏高原的伯舒拉岭，东边隔着怒江就是横断山脉的另一列山脉——怒山，继续向东则与云贵高原相通，南边可通往东南亚的中南半岛，西边可以到达缅甸、印度。就是这样一个四方交界之地，迎来了四方来客。

纵贯南北的高黎贡山像一条巨大的南北走廊，来自北方的狼、貉、高山兀鹫等，从青藏高原南下，在高黎贡山的高山地带安了家。而南部热带地区的代表——蜂猴、灰叶猴、巨松鼠等，从东南亚的泰国、缅甸等地顺着河谷向北，穿梭在高黎贡山势较低的沟谷中。

除了南北走廊之外，高黎贡山还是一个东西汇集的过渡地带。来自东部的鼩猬、毛冠鹿以及云南兔、高山姬（jī）鼠等都来开发这个"大西部"。缅甸和印度阿萨姆一带的"西方朋友"——白眉长臂猿、熊猴、大齿鼠等，也一同来探寻东部的"繁华世界"。

高黎贡山以海纳百川的大度，容纳了来自东、南、西、北四个不同动物区系的动物，高黎贡山也成了四方来客的家园。

▼ 独龙江／摄影 罗瑞绅

北：狼

西藏

印度

缅甸

四川

高黎贡山

云南

东：鼩猬

西：白眉长臂猿

横断山

南：蜂猴

▲ 高黎贡山"四方来客"示意图

生命熔炉

第5幕

　　高黎贡山的故事还未结束，这里不只是孑遗物种和四方来客的"收容所"，它还有着自己的创造，创造出了只属于本地的新物种。这得益于高黎贡山复杂的环境——南北跨度大、海拔高差大、地形破碎，形成了各不相同的小环境。在这些小环境中，新的物种不断涌现。新老物种共存，组成了一个生命的"大熔炉"。

　　云南是"杜鹃花的故乡"，而高黎贡山杜鹃花种类的丰富程度是云南甚至中国其他地区无法比拟的。在高黎贡山深处，生长着一种珍贵的特有品种——大树杜鹃，它堪称"杜鹃花中的王者"。常见的杜鹃花大多没有明显的主干，长得相对比较矮小。而大树杜鹃却有着高挑的身材，是世界上已知的近千种杜鹃中树形最高、最大的一种。它可以长到 20 ~ 28 米，相当于 7 ~ 9 层楼的高度。它们主要生活在高黎贡山 2800 ~ 3200 米的半山腰。每年 3 月，这个古老的物种都会开出灿若云霞的花朵，为绿色的森林带来一抹亮色！

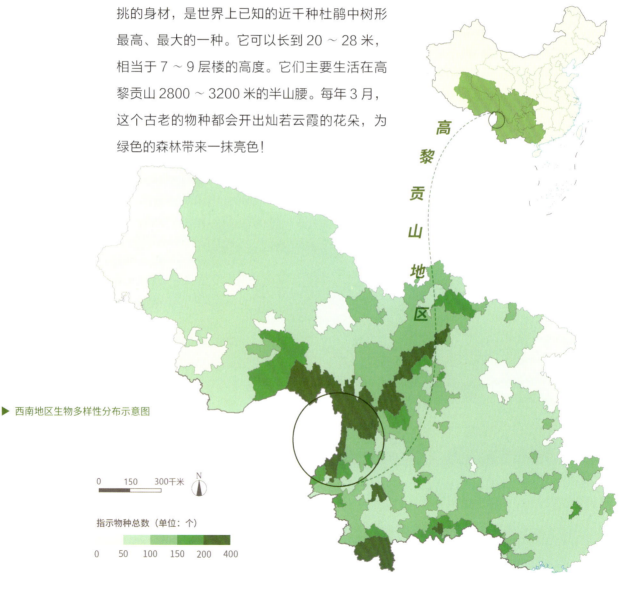

▶ 西南地区生物多样性分布示意图

0　　150　　300千米

指示物种总数（单位：个）

0　50　100　150　200　400

▲ 大树杜鹃／摄影 艾怀森

▶ （左）地生兰——肾唇虾脊兰／
摄影 董磊｜西南山地

▶ （右）腐生兰——球果假水晶兰／
摄影 宋心强｜西南山地

　　除了古老的大树杜鹃，高黎贡山还是中国兰科植物种类最丰富的地区之一。中国四分之
一的兰科物种——包含 30 个特有物种都在这里诞生。高黎贡山的兰花家族有着各不相同的生
活习性，有的生活在高温潮湿的环境，依附于树干或者岩石上，利用气生根吸取空气和树干中
的养分，叫附生兰；数量最多的兰花则生活在阴湿的林下或灌木草丛中，扎根在土里，靠吸取
土壤里的营养物质生长，叫陆生兰或者地生兰。还有一种兰花没有绿叶，不会进行光合作用，
而是依靠土壤里的真菌提供营养，枯枝落叶较厚的森林地区是它们的主要地盘，为腐生兰。这
些不同种类的兰花，令高黎贡山成了名副其实的"兰花王国"。

不只是植物，高黎贡山也是两栖、爬行动物展现自我的大舞台。28 种两栖动物和 48 种爬行动物在这里繁衍生息，它们大都生活在海拔 2000 米以下的温暖地带，形态千奇百怪，颜色瑰丽奇绝，宛若异星生物。

体色青翠欲滴的独龙江拟树蜥，是以独龙江命名的一种爬行动物，也是高黎贡山上的珍稀品种。它们的绿色"外套"上有黑棕色的斑块点缀在背部、头部和四肢。当察觉到周围有天敌出现时，它们就会变换身体的颜色，与周围环境融为一体，骗过敌人的双眼。每当下雨时，它们会爬到树荫下或是附近的草丛中躲雨，等到天气放晴时便会抓紧时间，趴在树干上好好享受难得的日光浴。

蓝白渐变体色的白唇树蜥，是一种生活在海拔 1500 米以下河谷地带的爬行动物。它们的嘴唇两侧有一条白色条纹，一直延伸到体侧。平常主要生活在树上，以昆虫为食。当午间阳光强烈的时候，它们会爬下树枝，到附近寻找水源喝水，然后在树干底部休息，遇到危险时，则以迅雷不及掩耳之势迅速爬回树上。

▶ （上）与周围环境融为一体的独龙江拟树蜥／摄影 赵锷
▶ （下）亮蓝色的白唇树蜥，仿佛抹上了白色唇膏／摄影 范毅

红黑配色的红瘰（luǒ）疣（yóu）螈（yuán），是一种栖息在海拔 1300 ～ 2000 米的山溪、水潭或者阴湿草坡附近的两栖动物，以蚯蚓、蜈蚣、蜗牛等为食。它们的体侧各有一行排列规则的红色大瘰粒。背部和体侧呈棕黑色，头部、体侧的瘰粒和尾部、四肢等呈棕红色，颇有远古生灵的模样。

　　同样属于两栖动物的树蛙，体色也十分鲜亮。与其他生活在池塘中的蛙类不同，树蛙主要栖息在树上。双斑树蛙指（趾）间有发达的蹼和大大的吸盘，可以将身体牢牢地贴附在树干上。而在繁殖季节的树林里，缅甸树蛙、双斑树蛙等则纷纷组成一支支合唱队伍，在高黎贡山奏响一场场精彩的音乐盛会。

▼（左）红瘰疣螈／摄影 范毅
▼（右）绿色的缅甸树蛙，雄蛙和雌蛙通过抱对繁衍后代／摄影 范毅

什么是两栖动物？什么是爬行动物？

鳄鱼既可以在水中静静享受，也能爬到岸边睡大觉；青蛙不仅可以在小溪里畅游，还能跳跃在稻田之间。这两种动物似乎都既可以在水中游泳，也可以在陆地上生活，但是在动物分类里，鳄鱼属于爬行动物，而青蛙则属于两栖动物。那到底什么是两栖动物，什么是爬行动物呢？

两栖动物是水生的鱼类向真正的陆生爬行类进化的一种过渡类型。它们不仅在水中拥有着一片"天地"，还积极"开拓"出全新的陆地领域。两栖动物的发育过程十分神奇，幼年时期，它们主要生活在水中，用鳃进行呼吸；而到了成年时期，就会发育为用肺呼吸，并且长有四肢，可以在陆地上活动自如。动物在短时间内像这样从幼体到成体，发生与幼年时期生理结构、生活习性、外形等差异很大的变化发育过程，叫作变态发育。

更加神奇的是，两栖动物除了会用肺呼吸，还有一个十分特殊的呼吸器官——

双斑树蛙

呼出二氧化碳
吸入氧气
气管
肺
氧气交换
色素细胞
角质层
表皮
真皮
黏液腺
血管

	雌	雄
	50.1～55.7毫米	31.6～38.7毫米

变态发育过程

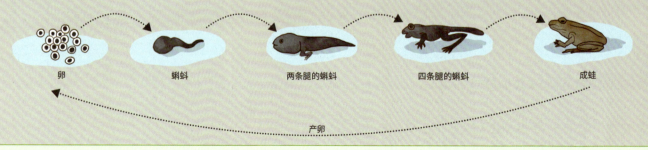

卵　　蝌蚪　　两条腿的蝌蚪　　四条腿的蝌蚪　　成蛙

产卵

皮肤。两栖动物的皮肤非常薄，皮肤下的血管可以与外界空气中的氧气进行交换，起到辅助呼吸的作用。虽然两栖动物已经可以在陆地上进行较为持久的活动，但是它们依旧对水有着很大的依赖性。大多两栖动物都需要在水中产卵、繁殖。除了高黎贡山的缅甸树蛙、双斑树蛙，黑眶蟾蜍、中华蟾蜍等也属于两栖动物。

爬行动物区别于两栖动物之处在于爬行动物彻底摆脱了对水的依赖，可以永久地生活在陆地上。为了适应陆地的环境，它们进化出致密的鳞片或甲。这既充当了它们的"铠甲"，在复杂的陆地环境中起到了保护的作用，同时又能大大减慢水通过皮肤散发出来的速度，以此来适应干燥的陆地生活。

更厉害的是，它们在体内演化出完备的羊膜卵。这种卵比两栖动物的卵更加"高级"，有比较坚硬的卵壳，可以减少水分的蒸发，壳上的小孔也能保证胚胎与外界空气的接触。同时壳内也长有一层薄薄的卵膜，可以抵挡细菌的侵入，为胚胎发育提供了一个很好的环境，因而它们不必再回到水里进行繁殖。大部分爬行动物都是通过在陆地上产卵来哺育下一代。它们完全用肺呼吸，肺功能也比两栖动物更加完善。高黎贡山上的独龙江拟树蜥、白唇树蜥都属于爬行动物，除此之外，还有鳄鱼、蛇等，也属于爬行动物。

白唇树蜥

	雌	雄
	175 ~ 221毫米	90 ~ 140毫米

羊膜卵发育过程

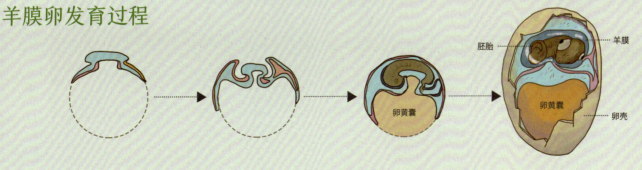

胚胎　羊膜

卵黄囊

卵黄囊　卵壳

鸟类同样在高黎贡山大放异彩。高黎贡山的鸟类物种十分丰富，是云南鸟类资源最丰富的地区之一。其记录在内的鸟类种数几乎占据了云南省鸟类种数的三分之一，其中海拔 2800 米以下的地带是高黎贡山鸟类物种分布最为丰富的区域，许多珍稀鸟类都选择在这里安家。

拥有一身鲜艳"羽服"的白尾梢虹雉，栖息于海拔 2500 ~ 4200 米的高山地带，以野百合、蕨根和竹叶等为食，偶尔也会捕食昆虫。夜晚时分，它们会飞到树木低矮的枝条上或者陡峭的崖壁上休息过夜。

体态优雅、同样用白色装点身体的白腹锦鸡，银白色的腹部是它们主要的标志。白腹锦鸡雄鸟的外形比雌鸟更加华丽，雄鸟除了拥有光彩似锦的"长尾巴"，还有着散发金属光泽的深绿色头顶，布满黑色波纹的"披肩"，十分靓丽。它们常常出没在海拔 1500 ~ 3600 米的森林中，以植物的叶、花和果实为食，和白尾梢虹雉一样，白腹锦鸡有时也捕捉昆虫开开荤。

▶（上）白尾梢虹雉／摄影 董磊｜西南山地
图中为一只成年雄鸟，羽毛鲜艳夺目，拍摄于高黎贡山区中国与缅甸边界。

▶（下）白腹锦鸡／摄影 罗金合
体态优雅，尾羽如同长裙摆。

拥有着"红脸蛋"的黑鹇（xián），雄鸟全身呈黑蓝色，雌鸟全身则呈棕褐色。它们的头顶长有又长又直的羽冠，看起来十分醒目。海拔 1000 ～ 3000 米的森林、竹林是它们的主要栖息地。它们或是成双成对，或是全家主动出来觅食。和前两种鸟类一样，它们荤素通吃。

◀（上）雄性黑鹇／摄影 曾祥乐
◀（下）雌性黑鹇／摄影 王昌大
▼ 眼神"凶狠"的北领角鸮／摄影 王斌

眼神"凶狠"，体态却十分呆萌娇小的北领角鸮，体色呈深灰色，长着一个浑圆的脑袋和一双大眼睛。眼睛上方还有一对竖立的"耳朵"，那其实是长在耳孔附近的羽毛，平时这对"耳羽"并不竖立，只有在受到威胁或需要警惕的时候才竖起，这"怒发冲冠"的形象也是角鸮名字的由来。北领角鸮一般会选择在隐蔽的树洞筑巢，白天很少活动，只在晨昏和夜间出来捕食，大型昆虫和小型啮齿目动物都是它们的最爱。

▲ 展翅高飞的林雕／摄影 徐永春

　　通体黑褐色的林雕，常常生活在低山丘陵或是山脚平原的灌木林地。它们性格孤僻，经常独来独往。它们是不折不扣的"肉食主义者"，常从树冠上呼啸而过，林地上的鼠类、蛇、蜥蜴、蛙、小型鸟类等都是它们的猎食对象。

　　除此之外，还有大量体形娇小但极具个性的小型鸟类活跃在密林间。长着一双"大长腿"的金色林鸲（qú），通体鲜红如火、"名如其鸟"的血雀，长着两绺白色"胡须"的橙额鸦雀，嘴巴细长似针、身披七彩华服的太阳鸟，"发型"浓密又炫酷的锈额斑翅鹛（méi），等等，它们时而在林中蹦跶，时而在枝叶间跳跃，时而叽叽喳喳地与同伴交流，婉转的鸟叫声让高黎贡山热闹非凡。

▲ （左上）金色林鸲／摄影 高歌｜西南山地

▲ （右上）血雀（雄）／摄影 易永建
雄鸟与雌鸟颜色各异，雄鸟除眼、翼与尾外，
通体鲜红，雌鸟身体大部分呈暗褐色。

▲ （左下）橙额鸦雀／摄影 董磊｜西南山地

▲ （右下）太阳鸟（雄）／摄影 徐永春
雌鸟与雄鸟羽毛颜色各异，雄鸟羽毛鲜艳华
丽，带有金属光泽，而雌鸟羽毛颜色则相对
暗淡。

▶ 锈额斑翅鹛／摄影 徐永春

但以上的动物和植物都还不是高黎贡山最大的"明星"。在高黎贡山的密林深处，还有大量灵长类动物在游荡、跳跃，它们的啼叫声响彻云霄。那些生活在高黎贡山的灵长类动物可谓是星光熠熠，来自喜马拉雅山区的熊猴等特有种群，"世界新秀"——怒江金丝猴、天行长臂猿，还有短尾猴、菲氏叶猴、戴帽叶猴等珍稀濒危物种，它们共同栖居于这片乐土之上。

拥有标志性白眼圈的菲氏叶猴，全身皮毛呈银灰色。它们大部分时间都在树上栖居，拥有很强的攀缘和跳跃能力。而菲氏叶猴最大的特点是它们拥有一条比躯干还要长的尾巴，这是它们能在树上自由生活的"秘密武器"。当它们在树上跑跳时，这条翘起的长尾巴可以用来保持身体的平衡。

黑色的"眉毛"在两端上翘，形成两个"麦穗"的戴帽叶猴，亮黑色的脸部和周围的银灰色皮毛形成了鲜明的对比；头顶上长着蓬松的毛发，就像是戴了一顶小帽子。它们并不像其他灵长类动物那样调皮捣蛋，它们更喜欢安静，常常隐匿在枝叶之间。独龙江的河谷地带是它们在中国的唯一家园。

◀ （上）菲氏叶猴／摄影 徐永春
◀ （下）隐藏在枝叶间的戴帽叶猴／摄影 董磊｜西南山地

▲ 怒江金丝猴／摄影 董磊｜西南山地
▼ 短尾猴／摄影 李家鸿

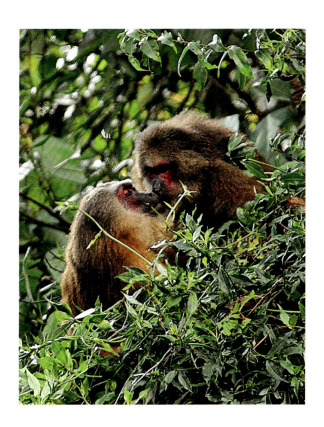

怒江金丝猴是继川、滇、黔与越南金丝猴之后发现的第五个金丝猴物种。它们几乎全身的毛呈黑色，一小撮细长而向前卷曲的毛发点缀在头顶，耳朵、嘴唇和会阴部呈白色。它们是素食主义者，以植物嫩叶和各种果实为食。

因尾巴较短而得名的短尾猴，总是有着一张害羞的"红脸蛋"，因此也被称为"红面猴"或"红面短尾猴"。它们脸部的颜色也会随着年纪的增长而逐渐变深，从幼年的肉色，到成年的鲜红色，再到老年的紫红色，变化比较大。它们也热衷于集体生活，白天一起在树上或地面上嬉戏打闹，到了晚上就会一起在岩洞里度过祥和的夜晚。

不过，高黎贡山的灵长类中最引人注目的，是一种最近才被确认的新物种——天行长臂猿，它是 2017 年被科研人员认定的一种长臂猿新种，这也是中国科学家命名的唯一类人猿。它的数量十分稀少，目前在国内的数量不足 150 只，比国宝大熊猫还要珍稀，已经被列入 2018—2020 年全球最濒危的 25 种灵长类名录。

"空中使者"天行长臂猿

天行长臂猿可以说是近年来高黎贡山的"新秀"。虽然它早已存在于我们共同生活的地球上，但是人类对它的科学认知还不到 10 年。这位"新秀"有什么特别之处呢？

成年的雌性天行长臂猿和雄性的体形相差不大，但是它们的体毛颜色不同，雄性毛发偏黑，雌性毛发则偏浅，但两道白眉是它们共有的特征。

长臂猿所属的类人猿是最接近人类的灵长类动物，但与最终走下树木、靠双腿行走的人类相反，它们居住在森林最上层的华盖中，不管是觅食、睡觉，还是休憩，都在树上进行。

两条长长的臂膀是它们主要的"代步工具"，它们整天在树木之间荡来荡去，迅疾如风，当需要转移到另一棵树上时，便纵身一跃。因为大部分时间都生活在树上，十分适应"空中生活"，"天行"这两个字便是对它们行为特征的最好描述。它们也可以像人类一样直立行走，当需要靠下肢行走时，它们就会将两臂高高举起，以保持平衡。

天行长臂猿也实行一夫一妻的家庭结构，一旦确定自己的伴侣，它们便终生不离不弃。天行长臂猿和其他长臂猿一样，有着一副"歌唱"的好嗓子，它们的"歌声"响亮悠扬，在数千米外都能听到。"歌唱"是它们之间最重要的沟通方式，或许它们通过放声高唱"情歌"来吸引远处的异性，或许它们通过"歌声"来宣告自己占据了专属领地，也或许它们通过"对唱"来加强伴侣间的亲密关系。

▲ 天行长臂猿通过摆荡的方式，穿梭在树林间／摄影 范朋飞

▼ 天行长臂猿在忘情地"歌唱"／摄影 董磊｜西南山地

◀（左）雄性天行长臂猿，毛发偏黑／摄影 欧阳凯

◀（右）雌性天行长臂猿，毛发偏浅／摄影 范朋飞

尾声

第6幕

▲ 独龙江畔的村落 ／摄影 柴峻峰

"生命热点"——高黎贡山，拥有国家一级保护野生动物蜂猴、灰叶猴、白眉长臂猿、云豹、金钱豹、孟加拉虎和羚牛，以及小熊猫、猕猴、黑熊、水獭、毛冠鹿等国家二级保护野生动物，一派生机勃勃。

　　在不同生态环境交错的地带，环境和物种复杂且不稳定，一旦环境发生变化，生物多样性也会随之受到影响。

　　人类来到高黎贡山后，修建村庄、道路、桥梁、隧道，这些活动使本来就敏感而脆弱的环境雪上加霜。在怒江两岸的河谷地带，人们开垦农田、修建村寨，破坏了原始的森林。人类带来的猪、牛、羊、猫、狗等动物，也成了入侵物种，挤占了许多野生动物的生存空间。人们修建的道路，在大山密林中看似微不足道，但对大部分时间生活在树冠上，要靠"空中走廊"移动的天行长臂猿来说，也是难以逾越的障碍。

　　除了天行长臂猿，这里还有许多需要保护的物种，它们占了全国重点保护野生动物的五分之一。其中，孟加拉虎已经很多年没有出现在高黎贡山，我们是否还能等到它们的回归，是一个未知数。

　　这也正是高黎贡山被定为"生物多样性热点地区"的意义，它拥有大量珍稀动植物，但同时也面临着空前的危机。作为热点，它不仅向我们展示着自然荒野应有的繁荣，也亮起了一盏红色的"警灯"，提醒着我们：这样壮美的自然，随时可能消失。而包括高黎贡山在内的全球生物多样性热点地区的未来，就握在人类的手中。

它，外表憨厚老实

是中国人心中的"小可爱"

它，出身于中国本土

作为身份特殊的"友好大使"

萌化了全世界

但它并不只是以"卖萌"为生

它是古老而顽强的"活化石"

曾走过几百万年的历史长河

它是万千生灵的"保护神"

庇护着万物生长的生命乐土

它就是

中国大熊猫

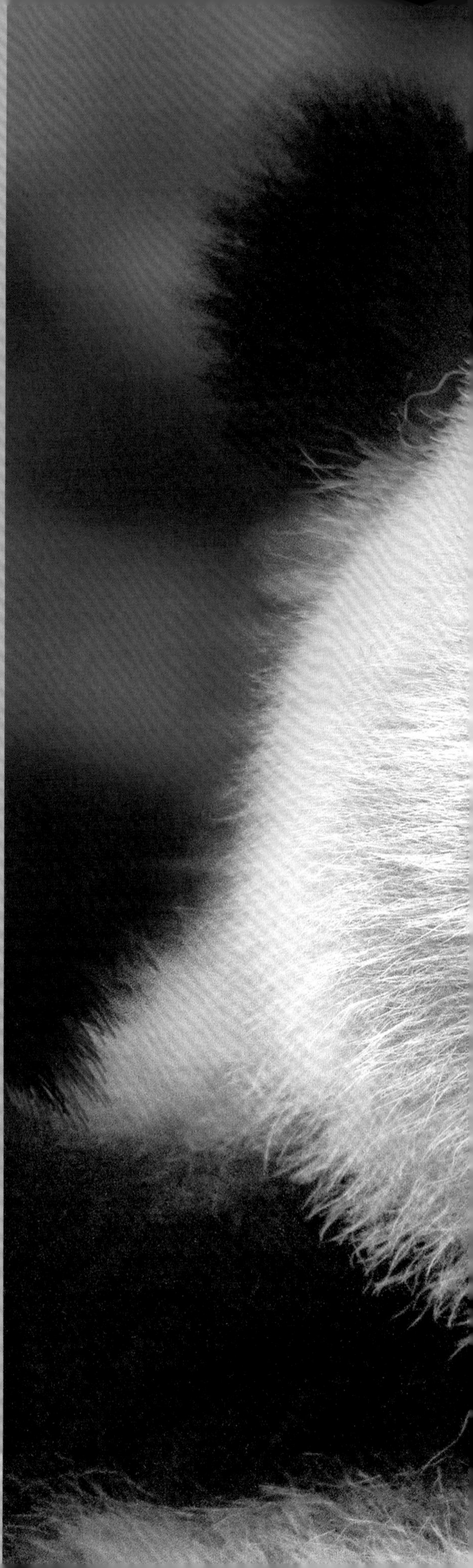

4 大熊猫

『我辈岂是卖萌者』

▶ 萌神大熊猫："我辈岂是卖萌者！"

　　作为中国特有的物种，国宝大熊猫数量极其稀少。至今，全中国野生和人工圈养的大熊猫加起来，也不过 2000 多只。再加上它们呆萌的外表和看起来笨拙的动作，不免让人觉得这个物种十分脆弱。

　　但是，这实际上是一个无比顽强的物种！800 万年前，最古老的大熊猫成员就已经出现在中国大地之上。在漫长岁月里，它们经历了无数次"灭顶之灾"。地球上曾出现多次冰期，温度大幅降低的同时也夺走了它们大部分的食物，与它们同时期的许多生物都已经销声匿迹；为了满足人们的"好奇之心"，它们还遭受过多次人类的猎杀。然而，大熊猫却能一次又一次奇迹般地存活下来。

　　不仅如此，它们还逐渐成了全世界的明星物种，在许多国家的动物园可以看到它们，它们身兼中国与其他国家友好交往的"外交大使"职务。它们虽然数量稀少，却能化身为一把"保护伞"，凭借自身的"超能力"庇护众多其他野生动植物。

　　那么，大熊猫究竟是如何度过它们的艰难岁月生存至今的呢？又是怎样变成"功勋卓著"的伟大"功臣"的呢？

熊猫危机

约 800 万年前，最古老的大熊猫成员——始熊猫，就已经生活在中国这片大地上。

当时，它们要面临的第一重危机是寒冷。在大熊猫漫长的家族史中，地球曾经几次进入气候寒冷的时期，称为"冰期"。为了抵御寒冷的侵袭，大熊猫身上的毛发变厚变长，体形也慢慢变大。这样，身体表面积与体积的比例会降低，与外界的能量交换也会相对减少，散热慢了，就能达到保温的效果。

大熊猫黑白相间的毛发，可以在雪地中形成保护色，躲过敌人和猎物的眼睛。而显眼的黑耳朵和黑眼睛，则可以对"没见过世面"的入侵者起到震慑作用。

▼ 雪中的大熊猫／摄影 陈建伟

大熊猫的体形是怎么变化的？

约 800 万年前，大熊猫的祖先就已经生存在中国大地上，它们见证了地球上所发生的沧桑剧变，经历了百万年的风雨洗礼后，如今它们依然顽强地生活在地球上，可谓是生命的"活化石"。那么，数百万年前的大熊猫与现今大熊猫的体形是一样的吗？它们发生了什么样的变化呢？

古生物学家曾经在云南的禄丰和元谋发现了始熊猫的化石，它们大概是大熊猫家族中最古老的成员，大约生活在 800 万年前，很有可能是当今大熊猫的祖先。

到了 180 万年前，始熊猫演化为大熊猫小种，分布范围也从云南扩展到了广西、陕西秦岭等地。在体形上，大熊猫小种比始熊猫稍微大一些。

到了 70 万 ~ 60 万年前，由于个体之间或者不同物种之间的激烈竞争，大熊猫小种逐渐灭绝。经历了地球上多次寒冷和温暖气候的交替，体形更为庞大的巴氏大熊猫登场了。此时大熊猫的领土也大面积扩展，北至北京周口店，南至越南、缅甸等东南亚邻国，都是熊猫家族的家园，那是大熊猫最为繁盛的时期。

▼ 大熊猫体形变化示意图

始熊猫 （已灭绝）

大熊猫小种 （已灭绝）

巴氏大熊猫 （已灭绝）

成年男人

现代大熊猫

800万年前

▲ 70万～60万年前更新世中期与现今大熊猫在中国分布范围对比图

图 例
更新世分布范围
现代分布范围

　　然而到了 1.8 万年前，地球上最后一次冰期来临，寒冷再一次笼罩地球，加上地质运动的影响，巴氏大熊猫还是没能逃过灭绝的命运，取而代之的是体形稍小的现代大熊猫。距今 1.2 万年以来，秦岭以南、长江中下游、珠江流域人类活动的大量增加，使现代大熊猫的生存范围大大缩减。面对人类的逼近和气候的变化，大熊猫的族群只能步步退却，一直退到人类干扰较少、气候相对稳定的青藏高原东部边缘地带，顽强地延续着族群的繁衍。

　　在这 800 万年的沧桑岁月里，与大熊猫同时代的很多动物都因为严酷的生存环境和激烈的生存竞争被淘汰，而大熊猫这个古老物种却有幸延续至今。

然而，在弱肉强食的自然界中，单是凭借这些，还不足以抵御严峻的生存压力。尤其当寒冷袭来时，大熊猫还面临着另一重危机：食物短缺。

　　我们都知道，大熊猫最爱吃竹子。但是在数百万年前，大熊猫的祖先其实是以肉食为主。大熊猫在动物分类学中，正是属于食肉目。

　　不过，冰期降临，食物短缺，加上各种远古巨兽之间的激烈竞争，大熊猫的祖先不得不另辟蹊径——它们决定开始吃素！一种分布广泛、四季常青，却又极少被其他动物食用的植物——竹子，进入了它们的食谱范围。以竹子为食不仅可以获得充足的食物来源，还能避免与其他动物竞争，这样的"抉择"着实英明！

　　这样的"抉择"也改变了它们的外形。由于长期啃咬和咀嚼竹子，大熊猫的头部渐渐发育出强大的骨骼和咀嚼肌。再加上蓬松的毛发，整个脑袋就显得又大又圆了。为了支撑头部的重量，它们的脖子也变得越来越粗壮，几乎和头部一样宽，看起来就像没有脖子。

　　而为了适应抓握竹子，大熊猫的前掌在正常的五指之外，又演化出了"第六指"。其形状就像人类的拇指，但并不是真正的拇指，因而被称为"伪拇指"。

▼ "看，这就是我的江山！" ／摄影 何海洋

大熊猫究竟有几根"手指"？

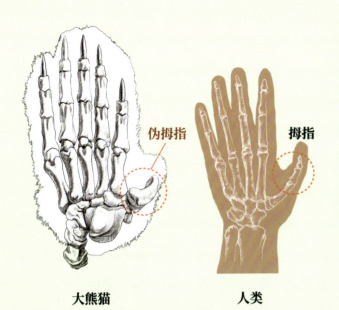

大熊猫　　　　　**人类**

▲ "伪拇指"在大熊猫吃竹子时的作用示意图
参考资料：赵学敏《大熊猫：人类共有的自然遗产》

▲ 大熊猫握持竹子的动作／摄影 杨帆

大熊猫吃竹子的手法可是非常细腻娴熟。它们选好自己心仪的竹子后，用它们灵活的双掌摘下上面的竹叶，或是握着竹子啃起来。如果遇到鲜嫩爽口的竹笋，它们会先用牙齿把外面的皮一层层撕开，然后把脆爽多汁的笋肉一口吃进嘴里。

大熊猫们能有如此娴熟的吃竹手法，靠的是一个神秘的"法宝"。大熊猫肥胖的熊手上，长着五根有乳白色锋利爪子的"手指"。这五根"手指"并排而列，光靠它们抓握竹子非常困难。但就在五根"手指"的下侧方，还有一块特殊的结构——桡（ráo）侧籽骨。它从外形上看是一块圆圆的肉垫，这是大熊猫从"肉食主义"向"杂食主义"转变的过程中演化而成的"伪拇指"，就像人类的拇指一般，有了它，大熊猫就能轻松灵活地抓起竹子。

加上"伪拇指"，大熊猫一个熊手上就有六根"手指"？非也。虽然"伪拇指"的位置和人类的大拇指相当，但是它并不是真正意义上的手指。与其他的五根"手指"不同，"伪拇指"没有任何关节，只是辅助大熊猫握住竹子的一个固定点，所以大熊猫实际上只有五根"手指"。

素食不仅改变了大熊猫的外形，也改变了它的生活方式。

大熊猫爱吃的竹子主要是粗纤维，营养价值非常有限，再加上大熊猫还保留着肉食动物的消化系统，对竹子中营养物质的吸收比例只有 17%，剩下的物质都会形成粪便排出体外，这导致大熊猫面临营养供应不足的威胁。为此，大熊猫们采取了特殊的生存策略：多吃多拉、快吃快拉！

大熊猫全天的活动时间大概有 14 个小时，其中一半以上的时间要用来吃饭，坐着的时候吃，趴着的时候也在吃，躺着的时候还是在吃。它们每天的进食量高达 20～30 千克。有限的营养也使得它们在寒冷的冬季并不会像它们的近亲——熊类那样冬眠，而是仍旧马不停蹄地寻找食物。吃的多，排的自然也多，只有当天排出当天吃下的东西，才能保证第二天继续吃进大量的食物。大熊猫日排便量约 100 团，这个数据无"人"能及，人类甘拜下风！

除了多吃多拉之外，大熊猫还要对所有能量的消耗都精打细算，能躺着，绝不坐着，能坐着，绝不站着。曾经有科研人员跟踪记录过一只大熊猫的生活作息，结果发现，它在 24 小时内采食了 3481 根竹子，却只移动了 186 米，相当于每吃掉 18.7 根竹子，才挪动 1 米。

▲ 在竹海中享受美味的大熊猫／摄影 周孟棋

▼ 大熊猫作息时间示意图

0:00～11:00

休息　　　　吃饭　　　　休息　　　　玩耍

11:00～24:00

吃饭　　　　休息　　　　吃饭　　　　休息

可见，大熊猫爱吃爱睡并不是因为它们真的很懒，其实这背后是它们满满的求生欲。

经过长期严酷的生存竞争和自然选择，与它们同时代的很多动物都已灭绝，但大熊猫却一直在中国大地上生存至今，成为名副其实的"活化石"。这种古老而顽强的生命一直隐匿在荒野中，不过，100多年前，它们迎来了一次最大的危机：人类的捕杀！

大熊猫是如此特别的动物，在中国又生活了这么长的时间，中国古人对它并非一无所知。但整体而言，他们并没有那么了解这种生物，只是偶尔能在野外相互打个照面。当时的大熊猫，别说是国宝了，有时甚至还会成为人们的猎物。考古发掘证实，数万或数十万年前，中国许多地方的早期人类，都曾经将大熊猫捉来饱餐一顿。

不过，古人和大熊猫之间，整体而言还是和谐相处、井水不犯河水的。直到150多年前，一个"外来者"的闯入，打破了熊猫家族的平静。1869年，一个叫阿尔芒·戴维的法国人正在当时混乱不堪的晚清中国进行长途探险。在四川省宝兴县的一名猎人家中，他看到了一张黑白相间的动物毛皮。要知道，戴维可是一名非常有经验的博物学家，中国境内的金丝猴、麋鹿等100多种动植物的首次科学发现，都要归功于他。这张奇特的动物毛皮意味着什么，他自然再清楚不过，他认为它非常奇特。"它可能成为科学上一个有趣的新物种！"戴维欣喜若狂地说道。

在猎人的帮助下，这个"新物种"很快就被送到了戴维的面前，他终于看清了这种动物的全貌：除了四肢、耳朵和眼周呈黑色之外，身体其他部位都呈白色，看起来像一只熊，这是他从未见过的奇异动物。戴维根据长相将它取名为"黑白熊"，并将它制作成标本运回法国。

▶ （上）休息中的大熊猫／摄影 杨一年
▶ （下）冬季觅食中的大熊猫／摄影 周孟棋

大　熊　猫

◄ 大熊猫"发呆"的表情／摄影 周孟棋

▼ 圆滚滚的大熊猫幼崽／摄影 周孟棋

少年中国地理：壮美生灵

圆头胖脑、体态憨萌的大熊猫一出场就惊艳了世人。戴维与大熊猫的这次邂逅，开启了人类对大熊猫的科学发现和认知。当它第一次从荒野被带到人类的世界，就引发了人们的极大兴趣。然而，这种兴趣也把大熊猫带进了前所未有的危机中。

带着对新鲜事物的猎奇心态，俄国人、美国人、英国人、德国人等掀起了对大熊猫的猎捕热潮。他们带着枪械远渡大洋来到中国，只为枪杀它、捕获它、占有它，甚至有人举枪高呼："这是中国西部最值得狩猎家去追寻的猎物！"其中，一位猎手的记录，也许可以恰如其分地描述所有猎杀熊猫者的心境，他说："我……从28000英里外的远方而来，就是为了射出这发子弹。"当时西方的猎手们对大熊猫的狂热态度可见一斑。

与带枪的男人们不同的是，一位名叫露丝·哈克尼斯的美国女性则是带着奶瓶与奶粉来到中国。她在1936年成功捕获了一只熊猫幼崽，奶瓶与奶粉立即派上了用场。幼崽被带到上海，她通过一定手段获得了通关许可，上面填着她要带走的是一只"形状奇异的哈巴狗"。这只"形状奇异的哈巴狗"，就是中国近现代史上第一只被带出国门的活体大熊猫。

就这样，在西方人猖獗的猎杀和盗捕之下，从1869年到1949年的80年间，至少有16只活体大熊猫被关在脏兮兮的小笼子里运出中国；至少有70只大熊猫被做成了标本，存放在西方各国的博物馆中。还有数量无法统计的大熊猫被剥去皮毛，高价贩卖……本来就很稀少的大熊猫种群，受到残忍而肆意的侵害。

1937年，被露丝·哈克尼斯带走的大熊猫幼崽，已经安全到达美国芝加哥的一所动物园。美国民众对大熊猫的热情瞬间被点燃了，开放参观的第一天，就有5.3万名美国人拥入动物园，兴奋地看着这只来自东方世界的新奇又可爱的动物。仅仅一个星期，动物园的收入就抵销了购买熊猫所花的高额费用。

是的，大熊猫可爱的模样开始发挥魔力。它们无意取悦人类，但"卖萌"又似乎是它们与生俱来的特质。这一特质成了大熊猫扭转灭种危机的救命稻草，从人类的猎物变身成为萌萌的"外交官"。

　　大熊猫性情顽皮可爱，它的耳朵、脸和身体都是圆乎乎、胖嘟嘟的，毛发蓬松柔软，四肢短粗，还长着醒目的"黑眼圈"。它们懒洋洋地趴在树枝上睡觉，躺在地上"咔哧咔哧"地吃着鲜嫩的竹笋，时不时还会展示出翻滚技能……这些稚气未脱的现象，被称为"幼态延续"[1]。而在人类的眼中，这种"幼态延续"则幻化成一声温柔而兴奋的尖叫："哇！好萌啊！"

　　随着新中国成立，对大熊猫的非法盗猎成为历史，大熊猫被保护了起来。不止如此，它们凭借着独特的外表和卓越的气质，开始担当起维系中国与其他国家友好关系的和平使者，这就是著名的"熊猫外交"。毕竟，谁能拒绝软萌可爱的大熊猫呢？

▼ 玩耍中的大熊猫／摄影 周孟棋

1 幼态延续是指人类或其他动物，虽然身体已经到成年状态，却仍保留着一部分幼年时期的特征。

从 1955 年到 1982 年，总共有 24 只大熊猫作为友谊的象征，被送往苏联、朝鲜、美国、日本、英国、法国等国家的动物园。这些熊猫往往经过精挑细选，例如 1972 年在挑选赠送给美国的大熊猫时，便要求毛色亮丽密实，体形不胖不瘦，眼睛要成八字形，眼球要黑，两个耳朵毛色要全黑，头要圆，嘴不能太尖。在这种高标准"选秀"中胜出的，自然堪称萌物中的萌物。当萌物们走出国门，待遇也是相当高级，如去往日本的兰兰和康康，由战斗机护航，部长级高官亲自迎接。

但毕竟国礼数量有限，没有得到赠送机会的国家只能另想办法。

1958 年，一位奥地利动物商人辗转来到中国，他用三只长颈鹿、两只犀牛、两只河马，再加上两只斑马，从北京动物园换来了一只雌性大熊猫——姬姬。

姬姬的家最终被安在了伦敦动物园，也正是在那里，一种新式传播手段被第一次应用到了大熊猫身上：电视。姬姬一边玩耍、吃饭、睡觉，电视台一边实况直播，这或许可以称得上最早的明星直播了吧。而电视前的观众则成为姬姬的疯狂粉丝，以至于连世界上最大的自然保护组织——世界自然基金会（World Wide Fund For Nature，简称 WWF），在 1961 年成立时，也将大熊猫姬姬的形象作为组织的标志。

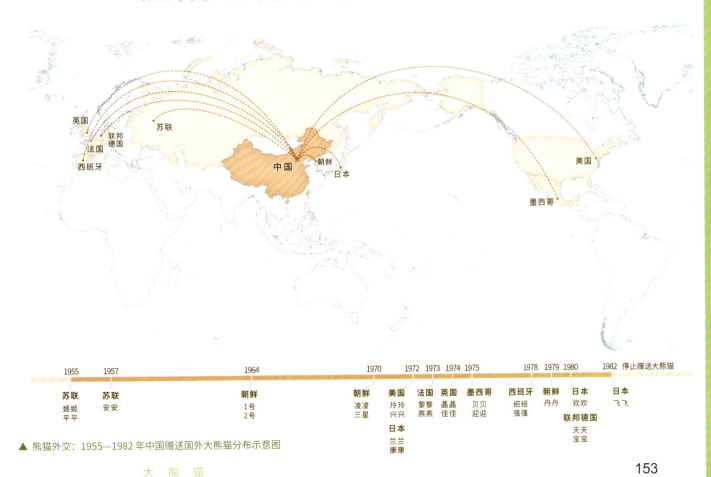

▲ 熊猫外交：1955—1982 年中国赠送国外大熊猫分布示意图

大 熊 猫

到了 20 世纪 80 年代，中国基本停止将大熊猫赠送给外国的做法，改以租借或合作研究的方式，将大熊猫送到国外展出。租借方每年不仅需要支付高额的租金，被租借的大熊猫如果在国外繁育后代，也仍归中国所有。

1980—1992 年，至少有 31 只大熊猫以这种方式出访各国。大熊猫所到之处，无不掀起一阵狂风骤雨般的"撸猫"热潮。正如美国动物学家乔治·夏勒所言："这种动物有一种与生俱来的魔力，能打动和改变所有看见它的人；只要有它在场，气氛就焕然一新。"

人们纷纷拥入动物园。美国华盛顿国家动物园开馆第一个月便接待了 100 万人次，日本东京上野动物园在几年之内的参观者竟达 5000 多万人次。而在瑞典一座仅有 10 万人口的埃斯基尔斯蒂纳市，在展出熊猫的 3 个月内，居然迎来了周边各国 300 万人次的访客。

从来没有一种动物能像大熊猫一样受到如此高的关注。

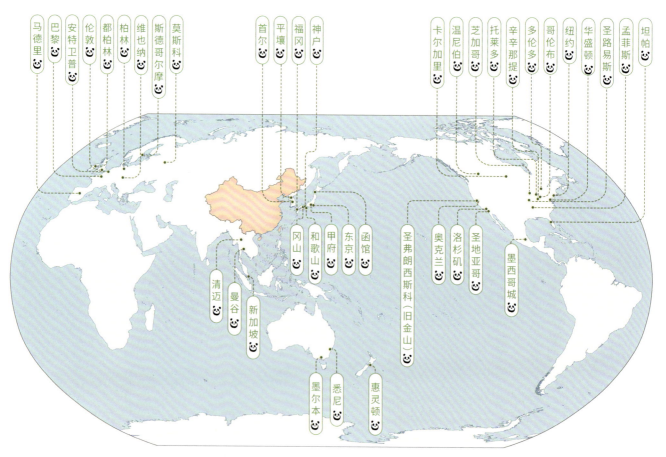

▲ 截至 2005 年，大熊猫到访过的国外城市分布示意图

▲ 对事物充满好奇的大熊猫／摄影 周孟棋

▼ 正在吃竹子的大熊猫／摄影 周孟棋

大　熊　猫

在中国，大熊猫成了国宝和吉祥物。一座独特的城市——成都，也随之脱颖而出。20世纪80年代，科学家以6只野生大熊猫为基础，在成都建立了大熊猫繁育研究基地。到了今天，这里已经成为全球最大的大熊猫人工繁育基地，总共繁育出了200多只大熊猫。成都也由此成为中国的"熊猫之都"。

熊猫元素几乎融入了这个城市的方方面面，包括大熊猫主题的航班、地铁、公交、邮局、纪念品、美食等。2014年，一只高达15米、重13吨的钢铁熊猫横空出世，调皮地攀爬在成都春熙路IFS大楼的外墙上。钢铁熊猫原本预计展览5个月，实际上却超期服役至今，成为成都不可或缺的城市地标。

大熊猫萌化了成都，萌化了中国，萌化了全世界。然而，或许是人工繁育的印象太过根深蒂固，再加上野生大熊猫的数量稀少，全世界的人们都在关心一个问题，那就是：这么萌的物种，如果离开了人类的保护和帮助，它们还能生存下去吗？

▼ 攀爬在 IFS 大楼外的大熊猫／摄影 张艳

▲ 航拍成都大熊猫繁育研究基地／摄影 曹明雄

▼ 成都 3 号线熊猫主题列车／摄影 周孟棋
熊猫座椅、熊猫脚印、熊猫把手，从外形到气质都萌萌的。

▼ 熊猫外形的旅游交通车／摄影 彭露娟
为方便旅客而专门设置的旅游交通车，主要往来于成都各大旅游景点。

大 熊 猫

1983 年，被贴上"脆弱"标签的大熊猫，似乎面临着一个新的危机。大熊猫的栖息地之一——四川邛（qióng）崃（lái）山，山上的冷箭竹大面积地开花了。开花后的竹子营养耗尽，死亡接踵而来。而这些竹子正是大熊猫赖以为生的食物。"大熊猫面临饿死"的消息迅速传播。

全国人民忧心忡忡，在那个大部分家庭并不宽裕的年代，人们踊跃参与了第一次为救助一种动物而发起的捐款。救援人员上山搜寻，将大熊猫抬到山下，送到饲养中心或动物园人工喂养。因为人们心目中早已认定，大熊猫这种动物过于脆弱，需要人类的帮助，生存才能延续。

但问题是，大熊猫真的如此脆弱吗？后来的科学研究表明，大熊猫的生存能力依然强悍。在冷箭竹开花死亡时，它们可以选择拐棍竹等其他竹子为食，因而并不会影响生存。更何况，大熊猫在几百万年的演化中，经历过无数次竹子开花事件，依旧安然无恙。

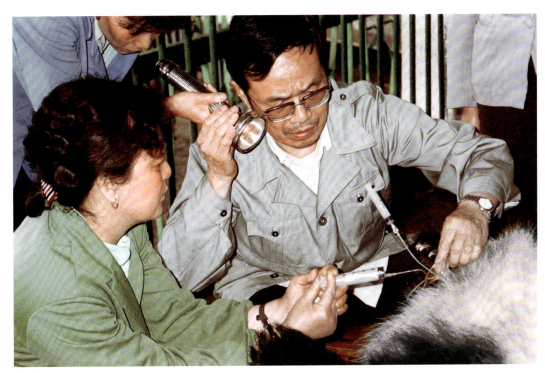

▲ 抢救大熊猫／摄影 周孟棋
◀ 一只大熊猫懒洋洋地趴在树上／摄影 陈建伟

大 熊 猫

159

在野外，大熊猫的生存能力也并不是人们想象中那么弱。虽然它们身材丰腴（yú）圆滚，却是个灵活的胖子，在峭壁上和密林中都能行动自如。锋利的爪子和发达有力的前后肢让大熊猫能快速爬到树上。除了爬树，它们也擅长游泳过河。要是遇到天敌，凭借其粗壮有力的四肢和 100 千克左右的体重，分分钟给对手来个"泰山压顶"，在搏斗中绝不会轻易占下风。作为食肉目动物，它们偶尔还会捕捉猎物，吃肉开荤打打牙祭。即便没有人类的干预，它们也能够正常繁衍后代，子孙不绝。

所以说，把大熊猫抬下山的救助行为，其实是好心办坏事，这造成了野生大熊猫种群数量的减少。大熊猫研究学者潘文石的一番话，也许能道出大熊猫的心声，他说："我不认为把在野外自由游荡的熊猫抓起来关进笼子里是妥善的做法……这些动物最后的生存机会，无非是拥有一个更合适、更广大的栖息地。"是的，让大熊猫在更广大的栖息地里充满野性地游荡，而不是充当人类眼中的萌物，这是人们关于自然保护科学认知上的一大进步。

▼ 两只大熊猫在雪地上玩耍／摄影 周孟棋

▲ 走在溪流旁的大熊猫／摄影 周孟棋
大熊猫的家园总在清泉流水附近，以便其就近畅饮泉水。
即便是寒冬，它们也会到溪流或不冻泉去饮水。如果家园
环境隐蔽，它们会不惜长途跋涉到很远的山谷去寻水。

　　如今，大大小小的大熊猫自然保护地在中国陆续建立起来，到目前为止已经有 77 处，
总面积约 2.7 万平方千米，接近广州市面积的四倍，它们有一个共同的名字——大熊猫国
家公园。

　　而生活在国家公园里的大熊猫们，在经历了数百万年的起起落落后，也有了新的"任
务"——保护其他野生动植物。要保护大熊猫，就必须保护它的生存环境，以及环境中的
其他生物。在大熊猫的光环下，与它伴生的其他物种都将自由安全地栖息在自己的家园，
不受干扰。大熊猫就像一把大伞一样，护佑着一方土地和土地上的生灵，这便是保护生物
学上的一个重要概念：伞护种。

▲ 大熊猫爬树／摄影 周孟棋

大熊猫都是黑白配色的吗？

提起大熊猫，你可能就会想到它黑白相间、无法拍出彩色照片的形象。但其实大熊猫并不都是这种模样。首先，大熊猫可分为两个亚种，即四川亚种（四川大熊猫）和秦岭亚种（秦岭大熊猫）。秦岭大熊猫和四川大熊猫相比头更小，牙齿更大，头形和猫头相似。

而在秦岭，有一群尤为特殊的大熊猫，堪称"国宝中的国宝"。它们的毛发颜色是棕色和白色相间，和四川的黑白配色大熊猫相比，像是出生的时候没有足够的墨水似的，这就是更为稀少的棕色大熊猫。

1985年，在陕西省佛坪自然保护区内，人们发现了世界上第一只被人类记录的棕色大熊猫"丹丹"，随后棕色大熊猫的身影又多次在秦岭地区被发现。其中最有名的也许就是目前世界上唯一一只被圈养的棕色大熊猫"七仔"，它也是世界上唯一一只人们能近距离观看和研究的棕色大熊猫。目前这只"超级瑰宝"就在秦岭大熊猫研究中心，被饲养员们精心地宠爱着。

关于"为什么大熊猫会是棕色的"这个问题，目前有着不同的推测。有的学者认为这和秦岭地区的土壤、水源等环境因素相关，这些因素影响着大熊猫毛发中黑色素的合成；有的学者认为这是基因突变引起的；有的学者认为棕色毛发其实是大熊猫原始的模样，这属于一种"返祖现象"；还有的学者认为，这是隐性基因纯合的结果，父母双方都携带着棕色毛发的隐性基因；更有学者认为，这可能是白化病的一种。而关于它们的"棕色之谜"，还需要科学家们进一步探索。

你看，大熊猫可并不都是黑白配色的。

▼ 秦岭棕色大熊猫／摄影 何鑫

"萌宝"成长记

一般来说，大熊猫妈妈需要经过 83～200 天的怀孕期才能生下自己的宝宝，而熊猫宝宝一般会在 7～9 月出生。生活在野外的大熊猫妈妈到了临产期，会预先找好一个生产和养育自己幼儿的地方，比如较安静隐蔽的树洞或者石洞，并且用树枝或者草等精心在里面铺上一层舒适的垫子。那生下来的"萌宝"从出生到成年，都有着什么样的变化呢？

◀**六岁半**

这时的大熊猫已经进入了成年时期，体重也从刚出生的几百克达到了 80～150 千克，它们开始寻找自己的另一半，繁殖自己的下一代。

◀ 大熊猫与它的下一代／摄影 雍严格｜自然影像中国

▶**一岁半**

此时的大熊猫，已经开始独立生活和学习更多的生存本领，不用每天跟在母亲身边。从三岁半开始，它们不再是熊猫宝宝，开始独自出去"闯荡"，开辟自己的家园。

耳朵、眼睛、肩部、前后足的部分颜色慢慢开始变黑，而身上的白毛长得更加浓密。

▲ 初生的"萌宝"

刚出生的大熊猫宝宝体重只有 120 克左右，仅占大熊猫妈妈体重的千分之一。初生的熊猫宝宝双眼闭合着，全身呈粉红色，身上长着稀疏的白毛，还不能爬动。大熊猫妈妈基本上是寸步不离地照顾它，过了一周左右，大熊猫妈妈才会离开洞穴出去觅食，但也只是在非常近的范围内活动。

▶ 四至七周

此时，大熊猫身上的毛完全长出来，双眼也逐渐睁开。大熊猫妈妈还会带着自己的宝宝出来晒晒太阳，但此时熊猫宝宝还不能完全独自稳定行走，所以熊猫妈妈只能把它衔在嘴里或夹在腋下四处走动。

▶ 半岁

半岁的熊猫宝宝已经可以自由走动，活动时间增加，还能打滚、爬树。每天吸奶的次数也渐渐减少，开始吃起竹叶。到了 8～9 个月基本断奶，开始跟着母亲学习"生存技能"。

▲ 三个月

开始长出牙齿，四肢也有了支撑身体的力气，能摇摇晃晃地站起来，也可以慢慢地爬动。眼球开始能转动，视觉渐渐增强。

绘图参考 @ 奚志农、周孟棋的摄影作品

什么是大熊猫国家公园？

大熊猫的保护措施受到诸多关注，除了因为大熊猫本身比较濒危、形象软萌可爱外，还因为它是重要的伞护种。

伞护种是选择一个合适的代表物种进行保护，而这个代表物种就像是一把保护伞，使得同在一个栖息地的其他物种也得到了保护。伞护种被保护好了，代表着其他物种也能被保护好。

大熊猫国家公园的诞生

当今，大熊猫生存区域的面积，约占我国陆地国土面积的 0.3%。这是它们在地球上最后的家园，人们称之为"大熊猫栖息地"。从 2017 年起，以这片土地为基础，人们建立了大熊猫国家公园试点区。2021 年，大熊猫国家公园正式成立。

这个国家公园，正是以大熊猫这个"伞护种"作为代言。它是在之前 77 处相对孤立的大熊猫自然保护地的基础上建立起来的，包括四川的岷山片区、邛崃山—大相岭和小相岭片区，甘肃的白水江片区以及陕西的秦岭片区，它们共同组成一个横跨四川、甘肃、陕西3 个省份、面积约 2.7 万平方千米的庞大园区。

大熊猫国家公园的建立，把原先支离破碎、相互分隔的保护区连成一片，栖息于此的生灵，终于拥有了一个相对完整的家园。秦岭、岷山、邛崃山、大相岭、小相岭、凉山等山系由北向南依次分布，山地垂直方向上，适应不同环境条件的植被在不同海拔高度上各得其所，偏好不同环境的动物也能各自找到一处适宜的家园。一片万物生长的生命乐土诞生了。

▶ 大熊猫国家公园规划范围示意图

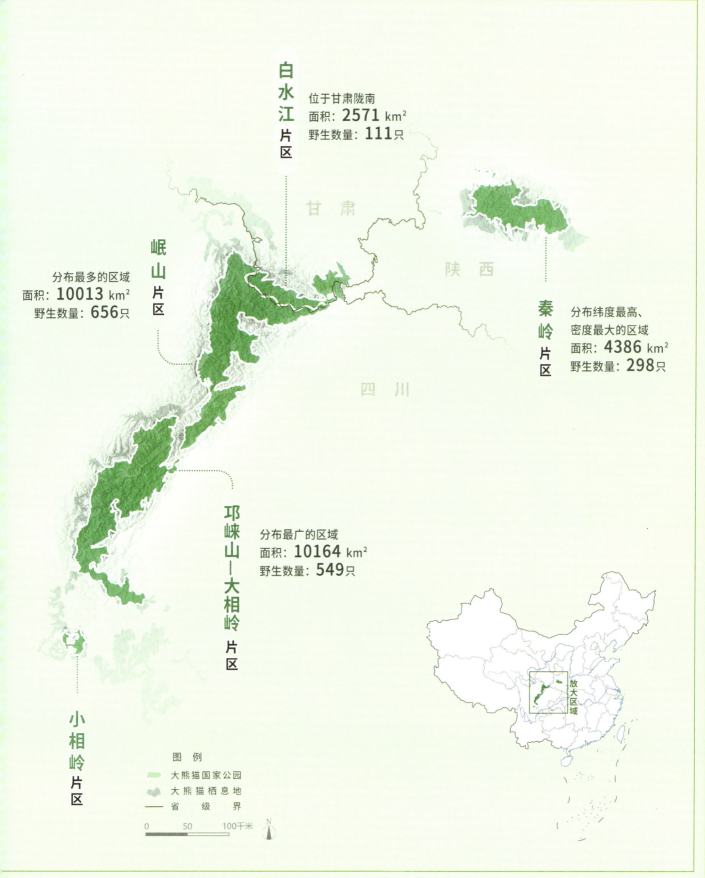

白水江 片区

位于甘肃陇南
面积：**2571** km²
野生数量：**111**只

岷山 片区

分布最多的区域
面积：**10013** km²
野生数量：**656**只

秦岭 片区

分布纬度最高、
密度最大的区域
面积：**4386** km²
野生数量：**298**只

邛崃山—大相岭 片区

分布最广的区域
面积：**10164** km²
野生数量：**549**只

小相岭 片区

甘 肃

陕 西

四 川

图 例

大熊猫国家公园
大熊猫栖息地
省 级 界

0   50   100千米

N

放大区域

大 熊 猫

167

▲ 巴朗山茂盛的树林／摄影 李政霖

▶ （上左）猕猴／摄影 马文虎

▶ （上中）藏酋猴／摄影 吴秀山｜野性中国

▶ （上右）红腹锦鸡／摄影 奚志农｜野性中国

▶ （下左）水鹿／摄影 奚志农｜野性中国

▶ （下中）花面狸／摄影 邹滔
因其鼻段至额顶、眼下方与眼后都有一处白斑而得名。

▶ （下右）鸳鸯／摄影 吴秀山｜野性中国
被人类当作"爱情""忠贞"的象征，但其实它们并不是严格的一夫一妻制。

📍 保护伞下的生灵

　　海拔较低处，气候温暖湿润。桦木、胡桃、槭树、樟树等阔叶林遮天蔽日，欣欣向荣。偏爱湿热环境的野生动物在林间和灌丛中往来穿梭，包括但不限于猕猴、藏酋猴、云豹、红腹锦鸡、豹、黄喉貂、金猫、大灵猫、小灵猫、花面狸、水鹿、水獭、鸳鸯等，猛禽类的松雀鹰、雀鹰、红脚隼也时常在这里落脚。

大 熊 猫

海拔较高处，温度较低。高大笔挺的冷杉、云杉、红杉、松树等针叶林终年常绿。小熊猫、川金丝猴、羚牛、鬣（liè）羚、斑羚、血雉、红隼、金雕、雕鸮、斑尾榛鸡、灰林鸮、乌雕、普通鵟、棕尾鵟等动物，常出没于森林边缘的峭壁和高地之间，或者是林下的竹林灌丛里，或是林冠等处。

▲ 大熊猫国家公园王朗片区的云杉和冷杉林／摄影 邹滔

▲　（上左）金雕／摄影 邹滔
▲　（上中）川金丝猴／摄影 奚志农｜野性中国
▲　（上右）羚牛四川亚种／摄影 奚志农｜野性中国
▲　（下左）小熊猫／摄影 黄耀华
▲　（下中）中华斑羚／摄影 奚志农｜野性中国
▲　（下右）血雉／摄影 奚志农｜野性中国

少年中国地理：壮美生灵

　　海拔继续升高，茂密的森林逐渐消失，只剩下低矮的灌丛和匍匐在地的草甸。即使气候寒冷、食物匮乏，也依然可见众多野生动物的踪迹，包括雪豹、兔狲、石貂、藏狐、狼、喜马拉雅旱獭、岩羊、鼠兔、绿尾虹雉、藏马鸡、雪鹑（chún）、藏雪鸡，以及高山兀鹫、胡兀鹫等大型猛禽。

　　群山之上、密林之间，植物欣欣向荣，动物繁衍生息。141 种兽类、338 种鸟类、77 种两栖和爬行类动物、85 种鱼类以及 3446 种植物，在大熊猫的护佑下，自由地生活在大熊猫国家公园这片生命乐土之上。

▶ （上左）喜马拉雅旱獭／摄影 邹滔
▶ （上右）岩羊／摄影 邹滔
▶ （中左）高山兀鹫／摄影 奚志农｜野性中国
▶ （中右）雪鹑／摄影 吴秀山｜野性中国
▶ （下左）绿尾虹雉／摄影 吴秀山｜野性中国
▶ （下右）胡兀鹫／摄影 吴秀山｜野性中国

尾声 第4幕

▲ 密林中的大熊猫／摄影 周孟棋

放眼全球，中国是世界上生物多样性最丰富的国家之一。我们拥有30000余种种子植物，仅次于亚马孙雨林，我们拥有6300余种脊椎动物，占世界总量的14%。大熊猫唤醒了无数人对自然的关注，也启发了我们与自然相处的科学认知。未来的道路还很长很远，如同世界著名动物学家珍妮·古道尔所说的："唯有了解，才会关心；唯有关心，才会行动；唯有行动，生命才会有希望。"

　　在中国的大地上，竹林将继续繁盛，生灵将继续演化，而大熊猫，就是这片土地的"保护神"。我们应该庆幸，中国出了个大熊猫！

参考文献

1 这个中国有点"野"：哺乳动物的崛起

[1]Smithsonian National Museum of Natural History.Human Evolution Interactive Timeline[Z/OL].[2021-09-01].https://humanorigins.si.edu/evidence/human-evolution-interactive-timeline.

[2]VENTER O，SANDERSON E W，MAGRACH A，et al. Global terrestrial Human Footprint maps for 1993 and 2009[J]. Scientific data，2016(3).

[3] 贝尔塔，苏密西，科瓦奇 . 海洋哺乳动物：第 3 版 [M]. 刘伟，译 . 北京：海洋出版社，2019.

[4] 本顿 . 古脊椎动物学：第 4 版 [M]. 董为，译 . 北京：科学出版社，2017.

[5] 方萍，曹凑贵，赵建夫 . 生态学基础 [M]. 上海：同济大学出版社，2008.

[6] 郜二虎，何杰坤，王志臣，等 . 全国陆生野生动物调查单元区划方案 [J]. 生物多样性，2017，25(12):1321-1330.

[7] 国家林业局 . 中国重点陆生野生动物资源调查 [M]. 北京：中国林业出版社，2009.

[8] 胡杰，胡锦矗 . 哺乳动物学 [M]. 北京：科学出版社，2017.

[9] 蒋志刚 . 中国哺乳动物多样性及地理分布 [M]. 北京：科学出版社，2015.

[10] 李博 . 生态学 [M]. 北京：高等教育出版社，2000.

[11] 刘凌云，郑光美 . 普通动物学 [M]. 北京：高等教育出版社，1997.

[12] 世界自然保护联盟 (IUCN) 物种存续委员会 (SSC) 猫科动物专家组 . 中国猫科动物 [M]. 北京：中国林业出版社，2014.

[13] 万冬梅 . 国家生态保护丛书：国家保护动物卷 [M]. 北京：北京联合出版公司，2015.

[14] 王丕烈 . 几种海洋哺乳动物 [J]. 生物学通报，2004，39(7):11-14.

[15] 魏军晓，潘云唐 . 从地质历史演化趋势分析恐龙的灭绝 [J]. 自然杂志，2018，40(2):136-142.

[16] 文榕生 . 中国珍稀野生动物分布变迁 [M]. 济南：山东科学技术出版社，2009.

[17] 文榕生 . 中国珍稀野生动物分布变迁（续）[M]. 济南：山东科学技术出版社，2018.

[18] 武晓东 . 动物学 [M]. 北京：中国农业出版社，2007.

[19] 谢桂林，杜东书 . 动物学 [M]. 上海：复旦大学出版社，2014.

[20] 徐海根，曹铭昌，吴军，等 . 中国生物多样性本底评估报告 [M]. 北京：科学出版社，2013.

[21] 徐寒 . 中国通史 [M]. 北京：线装书局，2017.

[22] 杨德华 . 西双版纳动物志 [M]. 昆明：云南大学出版社，1993.

[23] 张荣祖 . 中国动物地理 [M]. 北京：科学出版社，1999.

[24] 张学锋 . 中国墓葬史：下 [M]. 扬州：广陵书社，2009.

[25] 张训蒲，朱伟义 . 普通动物学 [M]. 北京：中国农业出版社，2000.

2 可可西里：让荒野永远荒野

[1]UNESCO.Qinghai Hoh Xil Supplementary Information[EB/OL].[2022-05-10].https://whc.unesco.org/document/156535.

[2] 崔红梅 . 海拔梯度上 6 种高山典型垫状植物叶片形态和结构特征对高寒环境的适应特征 [D]. 兰州：兰州大学，2016.

[3] 杜秀荣，唐建军 . 中国地图集 [M]. 北京：中国地图出版社，2011.

[4] 亨特，巴瑞特 . 世界陆生食肉动物大百科 [M]. 王海滨，译 . 长沙：湖南科学技术出版社，2014.

[5] 胡芳，夏建宏 . 雪域舞者：黑颈鹤 [M]. 上海：上海科技教育出版社，2016.

[6] 胡杰，胡锦矗 . 哺乳动物学 [M]. 北京：科学出版社，2017.

[7] 黄明明 . 藏羚羊基因组为解密高原适应性提供新线索 [N/OL]. 中国科学报 .(2013-05-20)[2021-03-02].http://news.sciencenet.cn/sbhtmlnews/2013/5/273153.shtm?id=273153.

[8] 可可西里综合科学考察队 . 青藏高原腹地 [M]. 上海：上海科学技术出版社，1994.

[9] 李江海，闻丞，刘持恒 . 可可西里地质地貌及其形成演化 [M]. 北京：科学出版社，2017.

[10] 李筑眉，李凤山 . 黑颈鹤研究 [M]. 上海：上海科技教育出版社，2005.

[11] 刘务林，奚志农 . 藏羚羊为何能适应高寒缺氧环境 [J]. 森林与人类，2010(6):38-45.

[12] 刘兴土，邓伟，刘景双 . 沼泽学概论 [M]. 长春：吉林科学技术出版社，2005.

[13] 李孝泽，姚檀栋，屈建军，等 . 普若岗日冰原西侧冰前风沙地貌的形成与我国冰川型沙漠的发现 [J]. 中国沙漠，2003，23(6):703-708.

[14] 鲁长虎，费荣梅 . 鸟类分类与识别 [M]. 哈尔滨：东北林业大学出版社，2003.

[15] 马燕 . 藏羚羊的研究现状 [J]. 中国高原医学与生物学杂志，2017，38(3):206-212.

[16] 夏勒 . 青藏高原上的生灵 [M]. 康蔼黎，译 . 上海：华东师范大学出版社，2003.

[17] 世界自然保护联盟 (IUCN) 物种存续委员会 (SSC) 猫科动物专家组 . 中国猫科动物 [M]. 北京：中国林业出版社，2014.

[18] 王正寰，叶晓青 . "第三极"的原住民：藏狐 [M]. 上海：上海科技教育出版社，2015.

[19] 闻丞，胡若成，顾燚芸，等 . 青海可可西里世界遗产地生物多样性价值的空间界定 [J]. 遗产与保护研究，2017，2(z1):1-6.

[20] 武素功，冯祚建 . 青海可可西里地区生物与人体高山生理 [M]. 北京：科学出版社 .1996.

[21] 徐爱春，蒋志刚，李春旺，等 . 青藏高原可可西里地区藏棕熊暖季食性及采食行为模式 [J]. 动物学研究，2010，31(6):670-674.

[22] 杨奇森，夏霖，吴晓民 . 青藏铁路线上的野生动物通道与藏羚羊保护 [J]. 生物学通报，2005，40(5):15-17.

[23] 杨玉红，王锋尖 . 普通生物学 [M]. 武汉：华中科技大学出版社，2012.

[24] 姚晓军，刘时银，李龙，等 . 近 40 年可可西里地区湖泊时空变化特征 [J]. 地理学报，2013，68(7):886-896.

[25] 中国青藏高原研究会 . 青藏高原与全球变化研讨会论文集 [C]. 北京：气象出版社，1995.

3 高黎贡山：既繁荣，又脆弱

[1]CEPF.Biodiversity Hotspots[DS/OL].(2016-01-25)[2021-08-21]. https://www.cepf.net/our-work/biodiversity-hotspots/hotspots-defined.

[2]XING Y W，REE R H.Uplift-driven diversification in the Hengduan Mountains，a temperate biodiversity hotspot[J].Proc. Natl Acad Sci，USA，2017，114(17):E3444—E3451.

[3] 胡杰，胡锦矗 . 哺乳动物学 [M]. 北京：科学出版社，2017.

[4] 李恒，李新辉，杨珺 . 高黎贡山特有种现状及其保护 [J]. 西部林业科学，2017，46(z2):1-11.

[5] 廉振民，于广志 . 边缘效应与生物多样性 [J]. 生物多样性，2000，8(1):120-125.

[6] 刘明光 . 中国自然地理图集 [M]. 北京：中国地图出版社，2007.

[7] 沈园，李涛，唐明方，等 . 西南地区生物文化多样性空间格局定量研究 [J]. 生态学报，2019，39(7):2454-2461.

[8] 万冬梅 . 国家生态保护丛书：国家保护动物卷 [M]. 北京：北京联合出版公司，2015.

[9] 王静爱，左伟.中国地理图集 [M]. 北京：中国地图出版社，2010.

[10] 王莉，宋仕贤，李奇生.十一种无尾两栖类物种皮肤和肺显微结构 [J]. 动物学杂志，2019，54(3):382-394.

[11] 吴家炎.中国羚牛 [M]. 北京：中国林业出版社，1990.

[12] 西南林学院，云南省林业调查规划设计院，云南省林业厅.高黎贡山国家自然保护区 [M]. 北京：中国林业出版社，1995.

[13] 熊清华，艾怀森.高黎贡山自然与生物多样性研究 [M]. 北京：科学出版社，2006.

[14] 杨大同.云南两栖爬行动物 [M]. 昆明：云南科技出版社，2008.

[15] 于洪贤.两栖爬行动物学 [M]. 哈尔滨：东北林业大学出版社，2001.

[16] 张路，肖燚，郑华，等.2010 年中国生态系统服务空间数据集 [J/OL]. 中国科学数据，2018，3(4).138-150.

[17] 张雯婷.高黎贡山白尾梢虹雉生态保护研究 [J]. 绿色科技，2014(8):19-20.

[18] 郑芷青，梅甸初，钟尔琳.世界自然地理地图集 [M]. 北京：星球地图出版社，2009.

[19] 中国科学院昆明动物研究所."中国两栖类"信息系统 [Z/OL].[2021-10-12].http://www.amphibiachina.org/.

4 大熊猫："我辈岂是卖萌者"

[1]Qiu-Hong W，Hua W，Sheng-Guo F .A new subspecies of giant panda (Ailuropoda melanoleuca) from Shaanxi，China [J].Journal of Mammalogy，2005(2):397-402.

[2] 成都大熊猫繁育研究基地.【熊猫知识】育幼生长 [Z/OL].[2020-07-27].http://www.panda.org.cn/china/events/Science/2013-01-25/927.html.

[3] 傅之屏，刘昊.大熊猫栖息地：资源包 [M]. 成都：四川大学出版社，2015.

[4] 国家林业和草原局 (国家公园管理局).关于《大熊猫国家公园总体规划 (征求意见稿)》公开征求意见的通知 [Z/OL].(2019-10-17)[2021-06-10].http://www.forestry.gov.cn/html/main/main_4461/20191017111923948546698/file/20191017112033510119113.pdf.

[5] 胡锦矗，张泽钧，魏辅文.中国大熊猫保护区发展历史、现状及前瞻 [J]. 兽类学报，2011，31(1):10-14.

[6] 胡锦矗.大熊猫研究 [M]. 上海：上海科技教育出版社，2001.

[7] 金学林.棕色大熊猫为何只出现在秦岭？ [N/OL]. 陕西日报，2019-07-25[2020-07-27].http://www.cnr.cn/sxpd/ws/20190725/t20190725_524705174.shtml.

[8] 李俊清，申国珍.大熊猫栖息地研究 [M]. 北京：高等教育出版社，2012.

[9] 李晓文，张玲，方精云.指示种、伞护种与旗舰种：有关概念及其在保护生物学中的应用 [J]. 生物多样性，2002，10(1):72-79.

[10] 毛睿.讨论和区分旗舰物种和保护伞物种作为保护战略的作用 [J]. 北方环境，2012，27(5):1-2，5.

[11] 尼科尔斯.来自中国的礼物：大熊猫与人类相遇的一百年 [M]. 黄建强，译.北京：生活·读书·新知三联书店，2018.

[12] 四川省地方志编纂委员会.四川省志：大熊猫志 [M]. 北京：方志出版社，2018.

[13] 四川省林业厅.四川的大熊猫：四川省第四次大熊猫调查报告 [M]. 成都：四川科学技术出版社，2015.

[14] 万秋红，吴华，方盛国.发现大熊猫秦岭亚种 [J]. 森林与人类，2006(8):62-67.

[15] 张芝联，刘学荣.世界历史地图集 [M]. 北京：中国地图出版社，2002.

[16] 张志和，贝可索.大熊猫：生·存 [M]. 魏玲，译.重庆：重庆大学出版社，2014.

[17] 赵学敏.大熊猫：人类共有的自然遗产 [M]. 北京：中国林业出版社，2006.

图书在版编目（CIP）数据

少年中国地理．壮美生灵 / 星球研究所著 . —— 长沙：湖南科学技术出版社 , 2023.1（2024.9重印）

ISBN 978-7-5710-1887-0

Ⅰ . ①少… Ⅱ . ①星… Ⅲ . ①地理—中国—少儿读物 Ⅳ . ① K92-49

中国版本图书馆 CIP 数据核字 (2022) 第 210075 号

上架建议：地理 · 普及读物

SHAONIAN ZHONGGUO DILI.ZHUANGMEI SHENGLING
少年中国地理．壮美生灵

著　　者：星球研究所
出 版 人：潘晓山
责任编辑：刘　竞
监　　制：毛闽峰
策划编辑：陈　鹏　史义伟
特约编辑：孙　鹤
特约审定：张志亮
营销编辑：杜　莎　刘　珣　焦亚楠
封面设计：郑伯容　鲁明静
版式设计：潘雪琴　鲁明静　王　巍
出　　版：湖南科学技术出版社
　　　　　（湖南省长沙市芙蓉中路 416 号 邮编：410008）
网　　址：www.hnstp.com
印　　刷：北京中科印刷有限公司
经　　销：新华书店
开　　本：870mm×1120mm　1/16
字　　数：182 千字
印　　张：11.25
版　　次：2023 年 1 月第 1 版
印　　次：2024 年 9 月第 4 次印刷
审 图 号：GS（2022）4698 号
书　　号：ISBN 978-7-5710-1887-0
定　　价：98.00 元

若有质量问题，请致电质量监督电话：010-59096394
团购电话：010-59320018